골프 핸드북
GOLF HANDBOOK

스포츠 서적 편집실

일신서적출판사

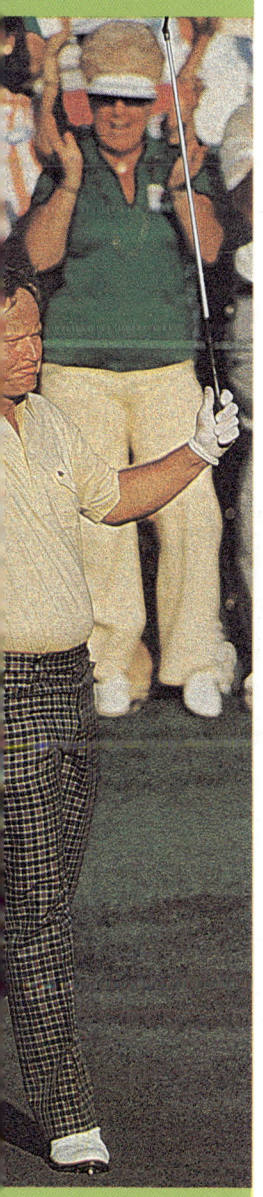

이 책을 이용하는 골퍼에게

　처음으로 클럽을 쥐고 골프를 시작하면서, 여러 가지의 레슨 책을 읽었지만, 씌어져 있는 내용이 너무 어렵다거나, 책을 읽었을 때는 알 것 같지만 막상 그대로 실천하려고 하면 뜻대로 되지 않을 때가 많다. 또한, 코스에 나가기 전날 밤에 '내일 이것만은 조심하자'고 마음을 다져 두었던 것이 막상 그 날이 다가와서 플레이를 하게 되면 뭐가 뭔지 전혀 알 수 없게 되고, 어떻게 할 바를 모를 적이 있다.

　이러한 경험은 누구나 있을 것이다. 그러나 이 책은 그런 폐단을 없애기 위해 아마추어 골퍼이면 누구에게나 있는, "이 점만은 바로잡고 싶은 것"의 포인트를 해설하는 데 주안점을 두었다. 물론, 단순한 레슨 책은 아니다. 이 책은 클럽별로 64가지의 흔히 나타나는 폐단에 대한 치유법이 소개되어 있다.

　'이 점이 잘 안 된다'하고 생각한 부분을 집중해서 살펴보고 난 뒤에 코스에 나가기 바란다. 그리하여 샷할 때마다 그 부분을 다시 한 번 보아주기 바란다. 일러스트로 나타낸 스윙의 모습을 머릿속에서 재현할 수만 있으면, 완벽하다고 할 수 있는 샷을 구사할 수 있다. 또한 그날그날의 샷이나 퍼트를 자체 진단하여, 다음 번의 테마로 삼아 주기 바란다.

　어떻든 '이 점을 바로잡고 싶다'는 부분을 하나하나 소화해 가는 동안에 자신의 핸디는 줄어가게 될 것이다. 실력 향상은 착실한 노력 여하에 따라 속도가 달라짐을 유의하기로 하자.

스포츠 서적 편집실

차 례

3 / 이 책을 이용하는 골퍼에게

7 / **미스 샷 교정 - 64형**

8~45 / 1 - 19. 드라이버
48~65 / 20 - 28. 페어웨이 우드
66~75 / 29 - 33. 롱 아이언
78~83 / 34 - 36. 미들 아이언
84~89 / 37 - 39. 아이언
92~111 / 40 - 49. 쇼트 아이언
112~125 / 50 - 56. 샌드 웨지
128~139 / 57 - 62. 퍼터
140~143 / 63 - 64. 퍼터(연습 그린)

플레이 규칙 / 145

게임 / 146

클럽과 볼 / 148

플레이어의 책임 / 150

플레이의 순서 / 154

티잉 그라운드(**Teeing Ground**) / 155

볼 플레이 / 156

퍼팅 그린(**Putting Green**) / 160

볼이 움직였거나 방향이 변경, 정지된 경우 / 163

구제와 처리 방법 / 166

로컬 룰(**Local Rules**) / 178

당신의 실력 향상은
일신의 자랑입니다.
● 一信·스포츠 서적 편집실 ●

미스 샷 교정 – 64형
MISS SHOT CORRECTION

1. 드라이버
더 많이 날리고 싶을 때

파워는 있다고 하더라도 아무리 힘 있게 크게 휘둘러도 어쩐지 거리가 나지 않는다.

여기에는 몇 가지 원인이 있다. 가장 큰 원인은 하반신, 특히 지나치게 무릎을 쓰고 있다는 점이다. 이러한 점 때문에 이른바 '몸의 좌측의 벽'이 생기지 않고 스윙이 좌측으로 흘러 버려서 클럽 헤드에 힘이 집중되어 전해지지 않는다.

임팩트 직전에, 오른쪽 무릎을 역방향(逆方向)으로 지나치다고 할 정도로 내밀어 주기 바란다.

볼품 사납기는 하지만, 안짱다리의 자세를 취하고 휘두르도록 한다. 그렇게 함으로써 몸이 왼쪽으로 흐르는 것을 막고 '좌측의 벽'도 자연히 생기게 될 것이다. 이렇게 할 때 클럽 헤드가 자연히 회전하여, 의도적으로 힘주지 않아도 자연히 거리가 나게 된다.

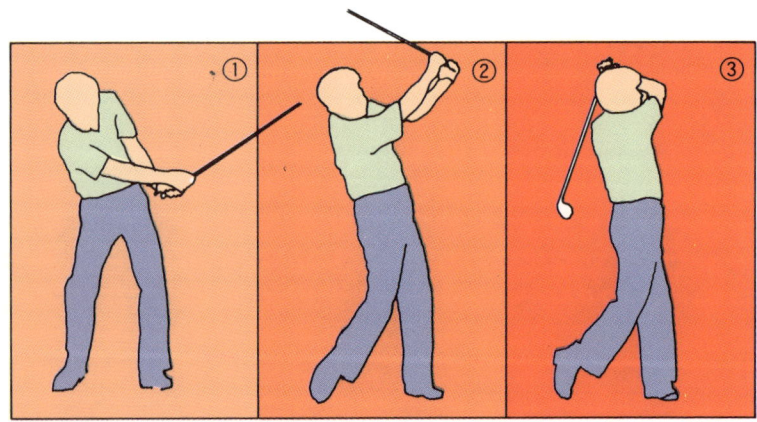

오른발을 안짱다리가 되듯이 벌리는 데에서 거리가 나온다

2. 드라이버

비거리(飛距離)를 내고 싶을 때

어쩐지 스윙이 어색하고, 비거리도 나오지 않는 사람은 체중 이동이 잘 되지 않은 타입이다. 체중 이동은 의도적으로 한다고 해서 되는 것이 아니라, 스윙에 의해 자연히 생기는 것이다.

어드레스에서는 왼쪽에 6할, 오른쪽에 4할의 체중 배분(配分)이 되게 한다.

테이크 백에서는 자연히 체중은 오른쪽으로 옮아 가고, 폴로 스루에서 자연히 왼쪽으로 얹히는 식으로 원활한 스윙을 할 수 있다.

연습 스윙 때, 눈 높이에 공이 있는 느낌으로 클럽을 휘둘러보며, 자연스런 체중 이동의 감각을 익히는 것이 바람직한 방법이다.

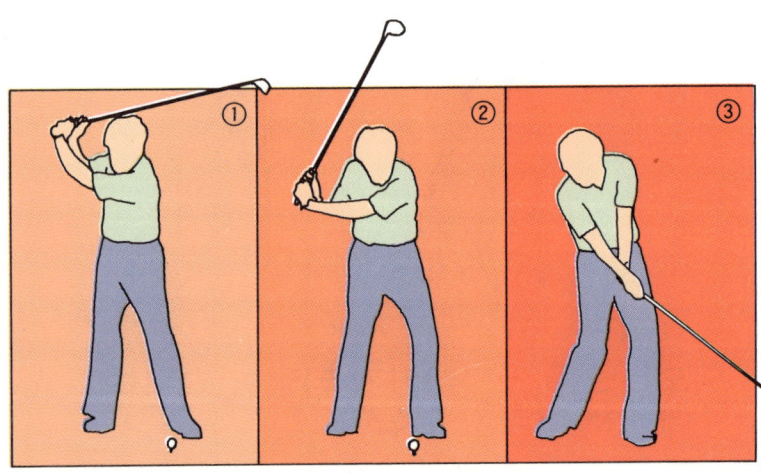

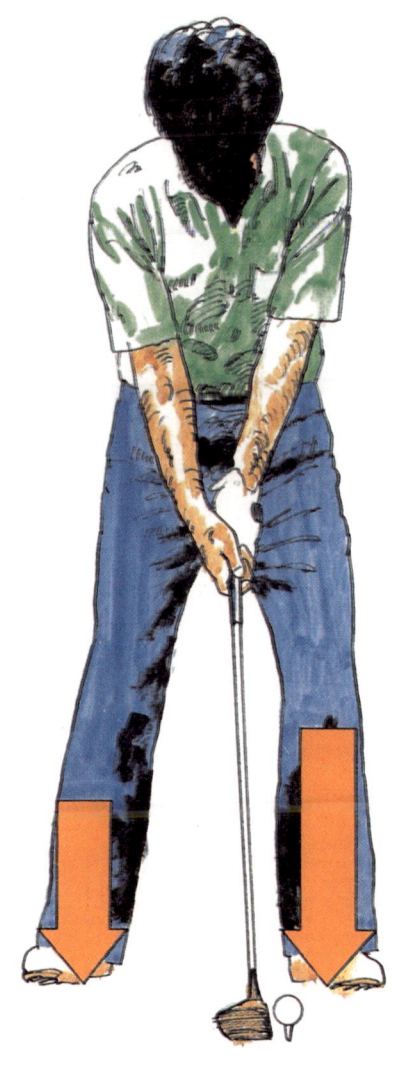

체중 배분은 왼쪽에 6할, 오른쪽에 4할을 둔다

3. 드라이버

슬라이스를 고치고 싶을 때

　슬라이스가 계속 날까봐 굳이 왼쪽을 향해 타구하게 되면 끝내 슬라이스는 고칠 수 없게 된다. 그렇다고 해서 아웃사이드 인의 타법을 당장에 고친다는 것도 어려운 일이다.

　우선 티를 높직히 하고, 과감하게 오른쪽 방향을 향해 타구하기 바란다.

　즉, 클로즈 스탠스가 되게 하여 공을 안쪽으로 바싹 붙여 대고 자세를 취하는 것인데, 이렇게 함으로써 공의 바로 옆을 칠 수 있기 때문에 슬라이스도 교정된다.

　또, 실제 공의 20센티 앞에 공이 있다는 생각으로, 오른발에 체중을 둔 채 휘둘러 빼는 것도 슬라이스 치료의 비결이다.

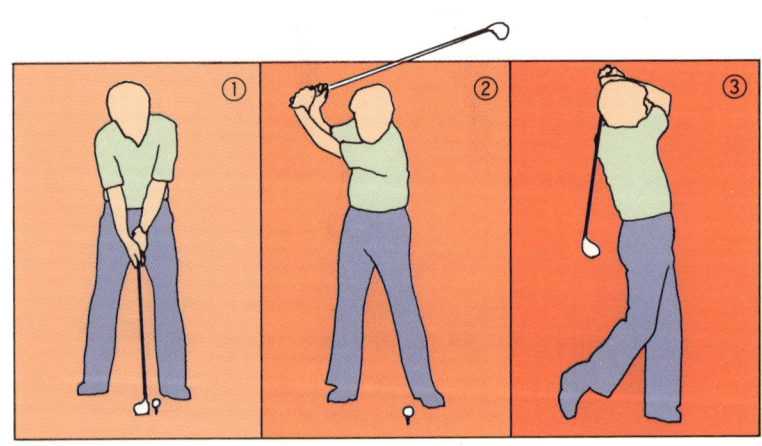

티를 높게 하고 오른쪽을 향하여 휘둘러 빼자

4. 드라이버

훅을 고치고 싶을 때

일단 오른쪽으로 날아가다가, 크게 왼쪽으로 굽어져 가는 타구(打球), 즉 덕 훅의 경향은 어느 정도 잘하는 사람에게 많이 나타나는 증상이다. 날리려고 하는 마음 때문에, 임팩트에서 지나치게 헤드 스피드를 내려고 하는 것이다.

우선, 티 업의 위치를 공 하나만큼 바싹 붙여 대기 바란다.

이렇게 함으로써 오른손의 사용을 늦추고, 왼손의 리드로 타구하는 것이 쉬워진다.

다음에 티 업을 약간 낮춘다.

그렇게 하면, 자연히 위로부터 치는 것 같은 타법이 되어서, 타구는 치달아 오르는 것처럼 난다. 따라서 슬라이스 성질의 구질이 나온다.

덕 훅의 응급 조치는 일부러 슬라이스를 치는 데 있다.

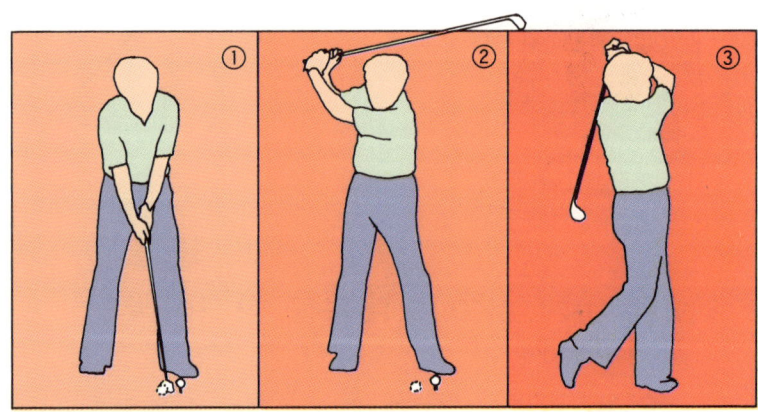

공 한 개만큼 왼쪽으로 놓고, 왼쪽을 치중한다

5. 드라이버

헤드 업을 고치고 싶을 때(1)

   헤드 업의 원인은, 성급하게 공의 행방을 보려고 하여 임팩트 전에 얼굴을 들게 되는 것과, 반대로 헤드 업을 두려워한 나머지, 어드레스에서 지나치게 웅크리고 있어서 타구 때에 발돋움하게 됨으로써 나타난다고 할 수 있다.
   오히려, 처음부터 헤드 업할 요량으로 휘둘러 주기 바란다. 도리어 헤드 업하는 것이 불안해져서 공을 끝까지 잘 보게 되는 습관을 가지게 된다.

   자세에 있어서는 그립을 빠듯하게 길게 쥐고, 등줄기를 펴서 우뚝 선 느낌으로 어드레스한다.

   이렇게 자세를 취하면 타구한 뒤에도 발돋움하지 않고도 낮아지는 것 같은 타법을 할 수 있을 것이다.

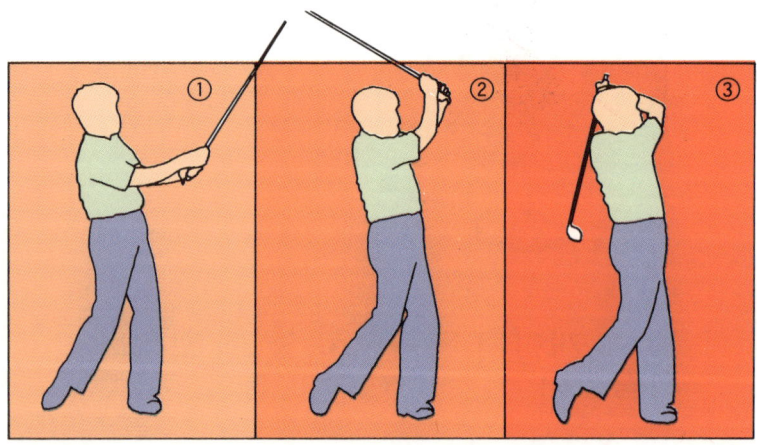

타구한 뒤에도 언제까지나 밑을 본다

6. 드라이버

걸치기를 고치고 싶을 때

어드레스에서 왼손을 너무 힘을 주어 버티면, 흔히 왼쪽으로 걸쳐 버리는 경향이 나타난다. 이것은 왼손을 버틴 반동으로 클럽이 안쪽으로 오르기 때문인데, 이것을 고치는 것은 매우 간단하다.

어드레스 때, 그립의 왼손이 공의 위치보다 우측이 되도록 자세를 취해 주기 바란다.

이른바 'Y자형의 어드레스'가 되는 셈인데, 이렇게 함으로써 자세를 취했을 때 허공을 향하고 있었던 시선이, 공과 낙하 지점을 이은 선을 바로 위에서 볼 수 있게 되며 극단적인 걸치기는 없어지게 된다.

클럽은 차라리 벙커 샷처럼 바깥쪽으로 올리는 요량으로 타구해 주기 바란다.

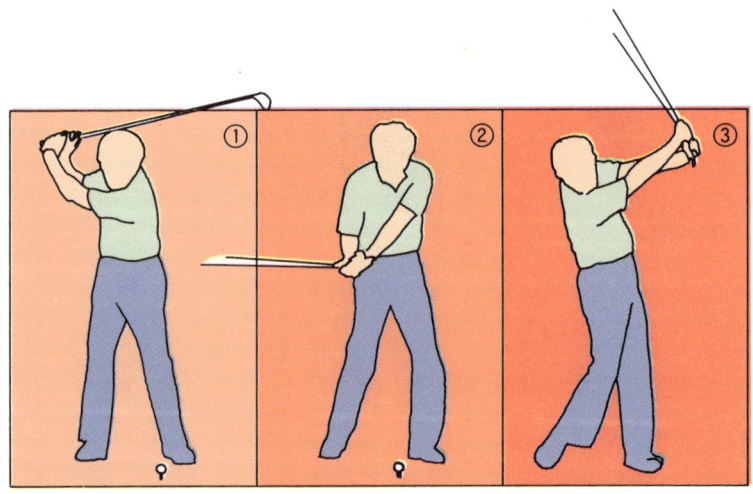

어드레스에서 그립의 왼손이 공의 오른쪽에 오도록 한다

7. 드라이버

푸시 아웃을 고치고 싶을 때

골프에서는 하반신을 써야만 공이 잘 난다고 생각하는 사람이 많은 것 같다. 그렇지만, 공은 어디까지나 클럽 헤드가 치는 것이다. 지나친 하반신의 사용은 절대로 금물이다. 테이크 백에서 지나치게 오른쪽 허리를 돌리면, 반대로 클럽을 내릴 때 왼쪽 허리가 빨리 열려 클럽이 뒤져서 오게 된다. 지나치게 무릎을 사용해도 결과는 마찬가지이다. 왜냐하면 공이 오른쪽으로 튀어나오는 푸시 공이 되기 때문이다.

지나친 하반신의 사용을 방지할 수 있는 길은 클럽을 올릴 때나 내릴 때도 왼쪽 겨드랑이를 죄어 두는 것이다.

왼쪽 겨드랑이를 죄는 것으로, 클럽, 팔, 어깨의 움직임이 일체가 되고, 앞지르는 일 없이 임팩트할 수 있는 것이다.

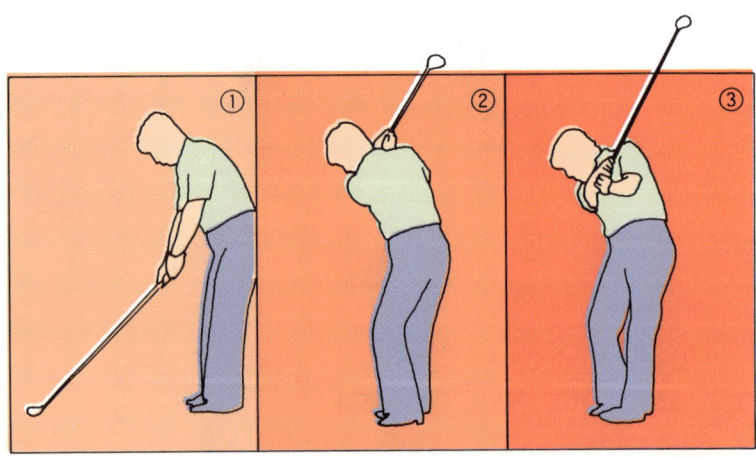

왼쪽 겨드랑이를 들거나 내려도 언제나 바싹 죈 채로 임팩트에 들어간다

8. 드라이버

방향을 일정하게 하고 싶을 때

공을 정확하게 곧바로 날릴 수 있는 방법이 있으면 그것으로 골프는 최상이라고 말할 수 있다. 따라서 최상의 길에 도전하는 기분으로 이렇게 할 수 있는 방법을 소개하고자 한다.

그것은 임팩트에서 배를 움푹 들어가게 하고 타구한다는 것이다.

방향이 안정되지 않는 사람 중에는 흔히 임팩트로부터 피니시에 이를 때까지 배꼽이 허공을 향하고 마는 사람이 많다고 한다. 이런 타입의 사람은, 임팩트 때 클럽이 열려, 뒤져서 들어오기 때문에 슬라이스나 푸시 아웃이 많다고 하는데, 임팩트에서 배를 움푹 들어가게 하는 것으로, 그것이 고쳐지는 것이다. 발을 땅에 굳게 박은 채 손으로 치는 요량으로 타구해 주기 바란다.

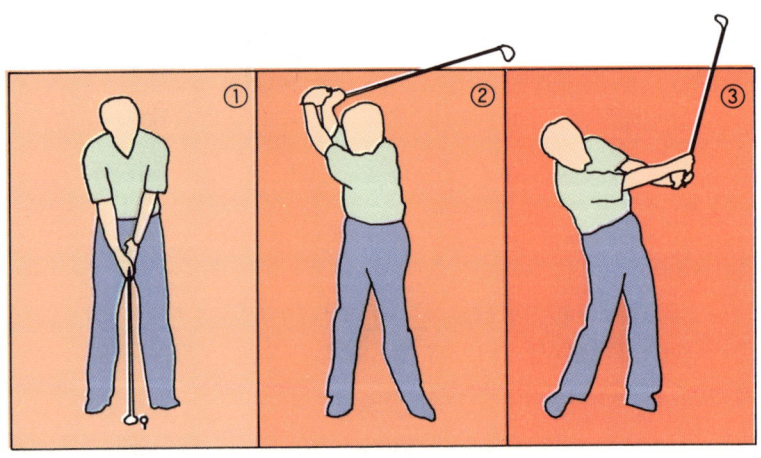

발은 땅에 견고하게 밀착시키고는
배가 움푹 들어가게 한 상태 그대로
타구한다

9. 드라이버

헤드 업을 고치고 싶을 때(2)

 헤드 업이라고 하면, 미스 샷을 일으키는 주요 원인이라고 생각할지 모르나, 미스 샷의 하나인 헛 스윙을 고치는 데는 더 없이 좋은 치료약이 된다. 그렇지만 '헛 스윙'의 원인은, 임팩트에서 얼굴을 어드레스 상태 그대로를 남기는 것을 지나치게 걱정하는 나머지, 몸의 회전이 멎은 상태에서 공을 치기 때문이다.

 이 때는 한 번, 헤드 업하는 요량으로 과감하게 타구해 주기 바란다.

 그 결단이 클럽에 전해져, 그것에 이끌리듯이 팔과 몸의 회전도 원활해지게 된다.

 만약 공을 톱했다고 해도, 그것은 클럽이 마음껏 휘둘러지고 있다는 증거이므로 걱정할 필요가 없다. 나이스 샷과 톱 공은 종이 한 장 차이로, 그것은 착실한 진보를 나타내는 것이다.

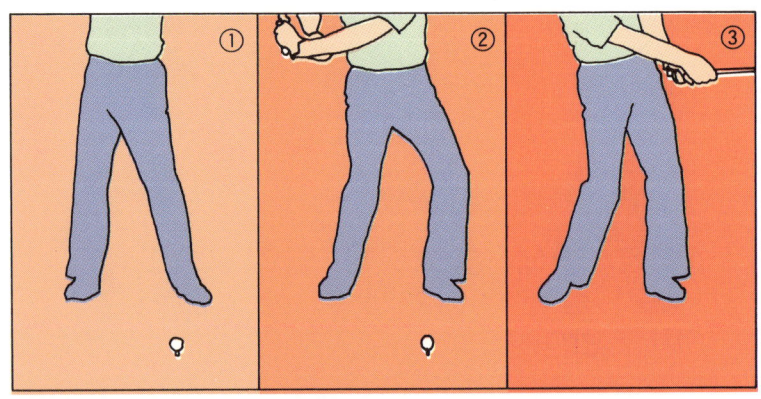

그립을 단단하게 쥐고 일어선 듯한 기분으로 샷한다

10. 드라이버

푸시 아웃이나 슬라이스를 고치고 싶을 때

　임팩트 후에 뒤로 젖혀져, 푸시 아웃이나 슬라이스가 되는 일이 있다. 임팩트 후의 폴로 스루에서, 왼손 위에 오른손이 오지 않기 때문에, 올바른 피니시를 취하지 못한 상태에서 무리하게 두 손을 높이 올려야지 하고 생각하므로써 왼발이 떠서 뒤로 젖혀지게 되는 데 그 원인이 있다.
　사실은, 손목의 비틀기를 익혀 주기 바라지만, 여기서는 손목의 비틀기로 교정하는 것보다는 다음을 권장한다.

**　임팩트 후, 오른발을 비구(飛球) 방향으로 내 주기 바란다.**

　골프는 왼발이 움직여서는 방향성이 절대로 안정되지 않는다. 따라서 오른발을 앞으로 내어 보냄으로써, 평소에 자주 뜨고 말던 왼발은 움직이지 않게 된다.

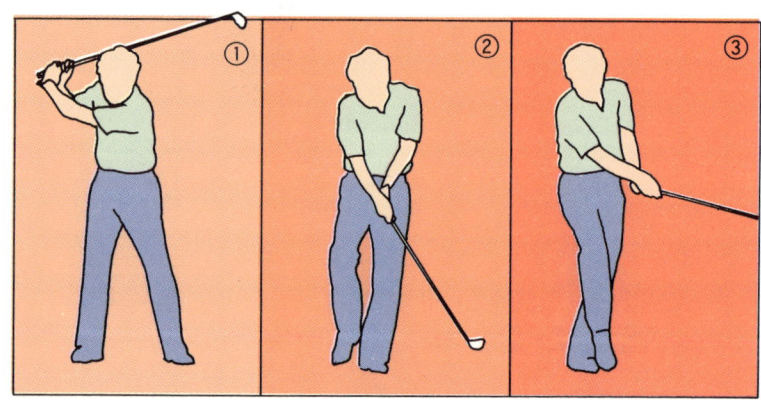

타구한 뒤에 오른발을 왼쪽 앞으로 낸다

11. 드라이버

오버 스윙을 고치고 싶을 때

　오버 스윙을 걱정하는 사람은 프로와 같은 스윙을 하려고 그들의 톱 스윙을 그대로 흉내를 내려다가 더욱 큰 톱 스윙이 되고 마는 경우에 자주 볼 수 있는 타입이다.
　톱의 위치는 자신이 생각하고 있는 것보다 훨씬 높아지는 것이 보통이다. 따라서 생각하고 있던 톱의 위치에서 훨씬 낮게 취함으로써 실제는 알맞게 좋은 톱의 위치를 정하게 된다. 의식한 톱에서 다시 클럽의 무게로 클럽은 오르게 된다.

　그러므로 생각하고 있는 절반 정도의 높이, 즉 그립이 오른쪽 허리 높이쯤에 오면, 그것을 자신의 톱으로 생각하고 멈추도록 한다.

　이렇게 함으로써 실제로는 틀림없이 머리 위까지 돌고서 좋은 톱 스윙이 될 것이다.

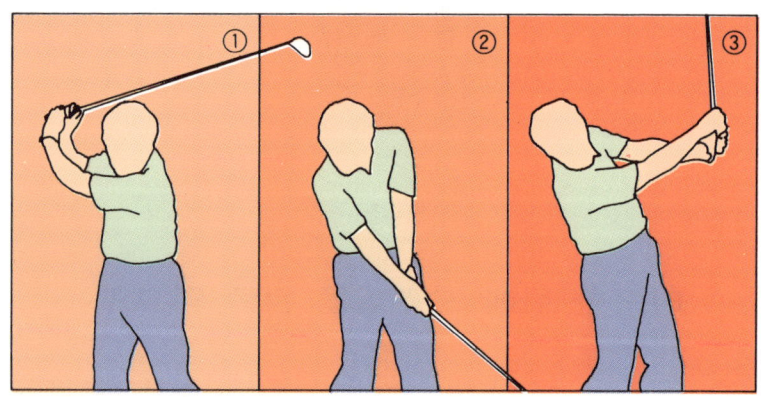

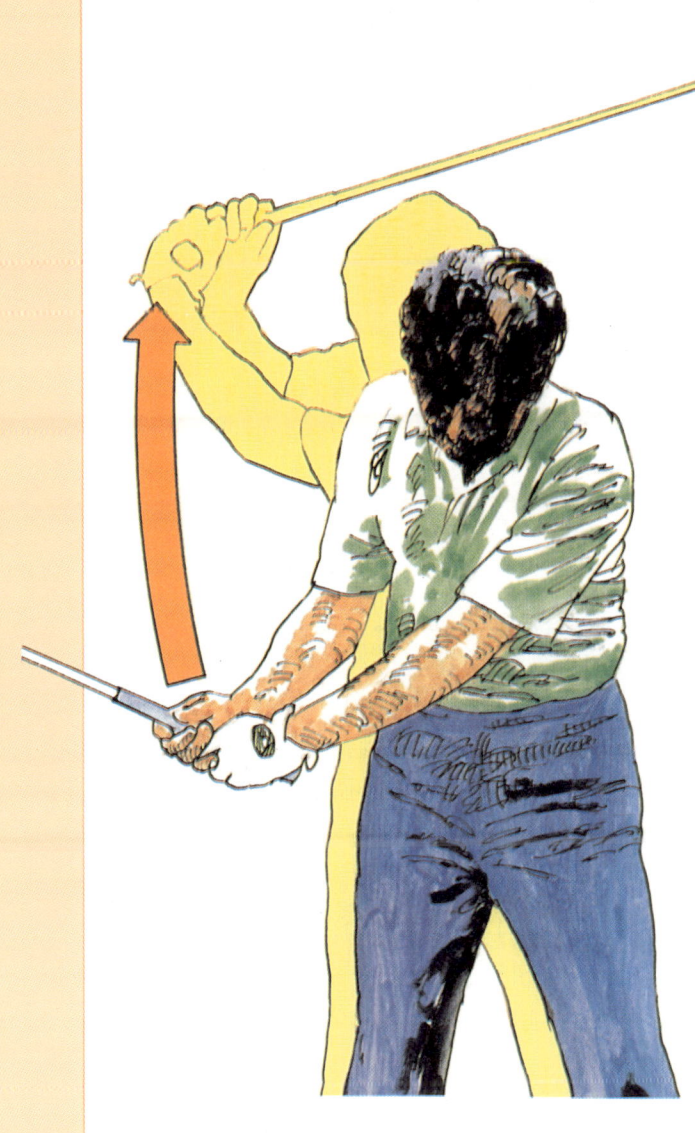

좋은 톱 스윙은 오른쪽 허리 부위에서 멈추어 본다

12. 드라이버

지나치게 힘주는 것을
고치고 싶을 때

8할의 힘으로 치는 것이 이상적이지만 아무리 하여도 그것을 할 수 없다. 그만 10할 이상의 힘이 들어가고 만다. 이른바 지나치게 힘주는 것인데, 날려 보내겠다고 하는 마음이 좀처럼 억제되지 않아서 생기는 결과이다. 그렇지만 이것도 어드레스를 조금 바꾸는 것만으로 없어지고 릴랙스한 스윙을 할 수 있다.

우선, 클럽 헤드를 지면에서 띄워서 어드레스해 주기 바란다.

지나치게 힘을 주는 사람은 두 팔의 삼각형을 흩뜨리지 않으려고 지나치게 버티는 데에만 신경을 쓰는 경향이 있다. 클럽과 두 팔의 관계가 오각형이 되어도 관계없다. 이것만으로 두 팔에 여유가 생기고, 클럽 헤드의 무게를 실감할 수 있을 것이다. 다음은 무게를 살려서 편히 휘두르기만 하면 된다.

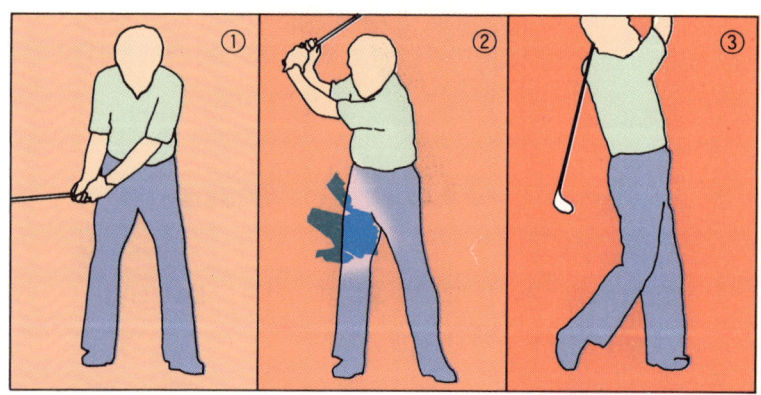

두 팔은 어드레스에서 클럽의 솔을
띄우면 편해진다

13. 드라이버

빨리 치기를 고치고 싶을 때

천천히 휘두르려고 해도, 그만 빨리 치기가 되어 버려, 그 결과 톱이나 헛 스윙, 걸치기가 많아지는 경향이 있는 사람은 오픈 스탠스로 자세를 취하고 있는 사람이 많다.

오픈으로 자세를 취하면 피니시를 취하기 쉽기 때문인데, 그 때문에 테이크 백이 낮아져 빨리 치기가 되는 식의 악순환이 되고 만다.

과감히 왼발을 앞으로 내고 클로즈 스탠스로 어드레스하도록 하자.

그렇게 하면 테이크 백을 자연히 깊이 취할 수 있게 되고, 다운 스윙에도 여유가 생기므로 자신도 모르게 빨리 치기가 고쳐지게 된다. 여유는 어드레스에서 만들 수 있는 것을 명심하자.

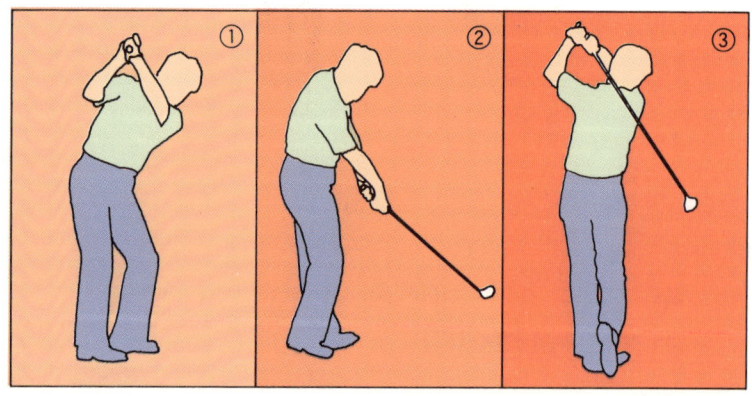

클로즈 스탠스로 바꾸고 타구해 본다

14. 드라이버

왼쪽 어깨를 돌리고 싶을 때

왼쪽 어깨가 제대로 돌아가지 않는 사람은, 톱이나 스쿼시가 나온다고 고민하게 되는 원인을 나이 탓이나 몸이 굳은 탓으로 돌리는 경향이 많다. 그러나 이것은 잘못된 생각이다.

비기너(초심자)는 왼쪽 어깨를 무리하게 돌리려다가 힘이 들어가, 도리어 왼쪽 어깨가 돌지 않게 된다. 또한, 초급 골퍼라도 왼쪽 어깨를 먼저 움직이려고 함으로써 다른 부위의 움직임과 제각각이 되어 스윙을 흩뜨리고 만다.

왼쪽 어깨에 대해서는 전혀 의식하지 말고, 다만 클럽을 먼저 자연스럽게 올려주기 바란다.

그렇게 하면, 테이크 백에서는 클럽 헤드, 팔, 왼쪽 어깨의 순으로 돌게 될 것이다. 왼쪽 어깨는 의도적으로 돌리는 것이 아니라, 자연히 돌려지게 되는 것이다.

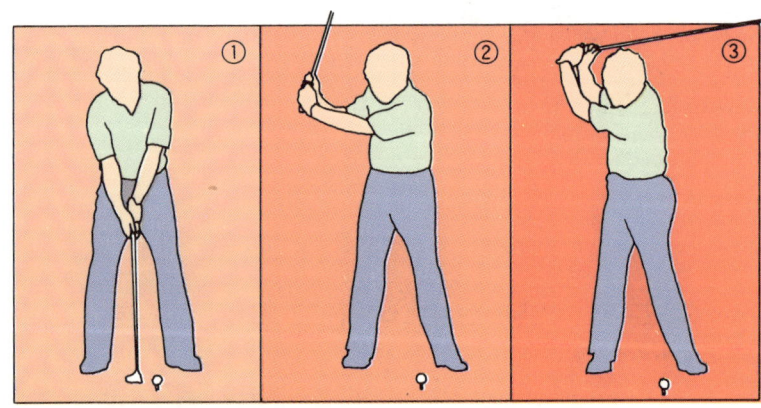

어깨를 멈추고 클럽의 앞끝으로부터
올려간다

15. 드라이버

서는 방향을 고치고 싶을 때

왠지 어드레스에서 올바른 방향을 향하고 있지 않은 것 같은 마음이 든다고 하는 사람이 적지 않다. 이렇게 어드레스를 취하면 될까 하는 불안한 마음을 가지고 치기 때문에 더욱더 미스 샷을 범하는 타입이다.

이런 사람은, 어드레스에서 공의 비구(飛球) 방향, 즉 에어라인을 보고 있기 때문이다. 따라서 공의 뒤에서부터 들여다 보는 타법이 되고, 왼쪽 어깨가 들려져서 공은 슬라이스 성이 된다.

낙하 지점과 공을 잇는 베어라인을 보고 자세를 취하도록 하면 된다.

그러기 위해서는 어드레스에 들어설 때, 우선 두 발을 가지런히 하고 서서, 공이 몸의 정면에 있도록 한다.

이렇게 함으로써 방향 감각은 빗나가지 않는다.

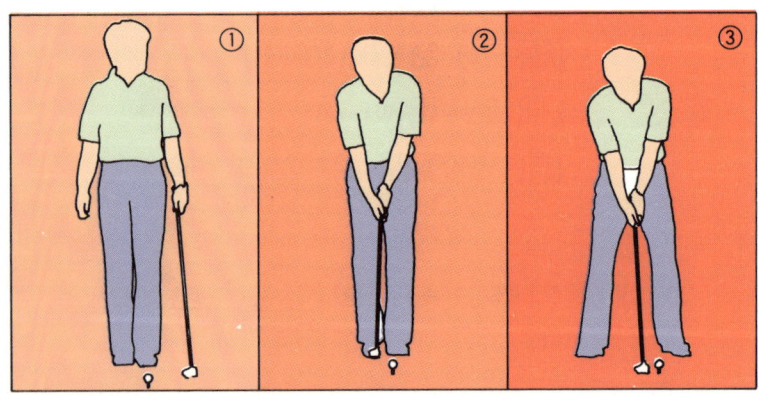

두 발을 가지런히 하고 공은 몸의 중앙에 둔다

16. 드라이버

아침에 이치 샷의 미스를 없애고 싶을 때

누구나 과도한 긴장은 빨리 치기가 나오는 미스를 범하게 되기 쉽다. 아침에 이치 샷의 미스가 많은 것도 그 때문인데 그렇다고 해서 '천천히 치라'고 하는 것도 말하기는 쉽지만, 실제는 그렇지 못한 것이 보통이다.

우선 정식 경기를 하기 전에, 아이언을 두 개 가지고 연습 휘두르기를 하자.

이 두 개의 클럽으로는 당연히 너무 무거워서 빨리 휘두를 수 없다. 이 느릿한 큰 스윙의 감을 이미지에 새겨 놓고, 드라이버로 바꾸어 쥐는 것이다. 실제로 공을 칠 때는, 나이스 샷을 생각지 말고, 공이 어디로 가건 신경쓰지 말고 천천히 스윙하는 것만을 힘쓰면서 클럽을 휘둘러 빼는 것이다. 미스 샷을 하는 것은 두렵지 않다고 생각하면, 압박감도 반감된다.

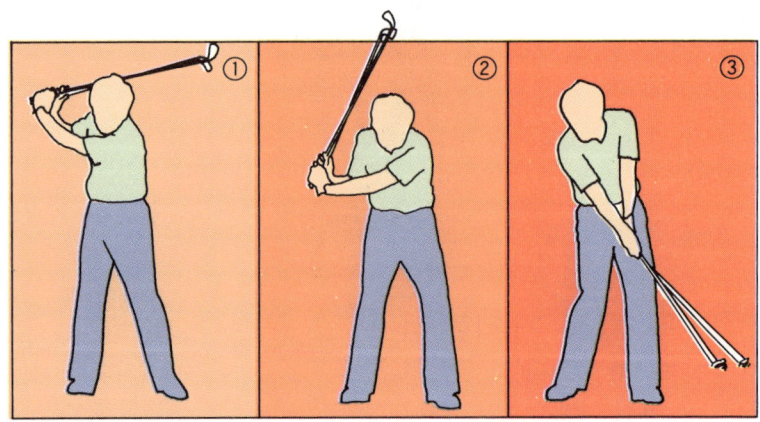

천천히 아이언 두 개로 먼저 연습 휘 두르기를 한다

17. 드라이버
OB 버릇을 고치고 싶을 때

한 번이라면 몰라도 두세 번 연속해서 OB를 내거나 갑자기 크게 방향성이 흩뜨러질 적이 있는데, 이것은 다분히 정신적인 원인에 의한 것이다. OB를 두려워한 나머지, OB 존의 반대를 향하기 때문에, 공은 더욱더 OB를 향하게 된다. 그리고 OB에 대한 공포심에서 테이크 백도 스윙 전체도 빨라져 버린다.

이때는 반대로 OB의 방향을 향해 타구해 보자.

오른쪽이 OB이면 오른쪽을 향해 자세를 취해 보자. 공이 그대로 OB에 들어가는 일은 거의 없다. 좌우가 OB이면, 어느 한쪽을 버리고 생각한다. 왜냐하면 중앙을 노리는 일만큼 어려운 것은 없기 때문이다. 그 다음은 슬로 백, 슬로 타이밍을 취하도록 자신을 타이르면서 타구하도록 한다.

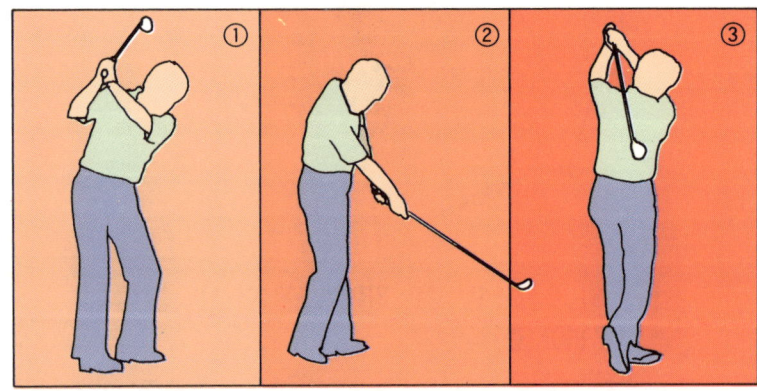

두려워하지 말고 OB 말뚝을 향해 타구한다

18. 드라이버

슬라이스 성의 바람에 얹고 싶을 때

 왼쪽에서 오른쪽으로 부는 슬라이스 성의 바람일 때, 일반의 골퍼 중에는 티 그라운드의 오른쪽 끝에서 티 업하고, 왼쪽의 대각선 방향을 향해 어드레스하는 사람이 많다. 그러나 이것은 완전히 잘못된 생각이다. 공이 오른쪽으로 흐르지 않도록 하려고 왼쪽을 향하는 것일 테지만, 이렇게 되면 바람에 정면으로 맞부딪치는 결과가 나온다. 슬라이스 계통의 사람이면, 부메랑처럼 공이 되돌아 올지도 모른다.

 슬라이스 계통의 사람은, 왼쪽 끝에 티 업하고, 약간 왼쪽인 듯한 겨냥으로 제대로 바람을 타는 공을 치는 것을 생각해 주기 바란다.

 그렇게 하면, 바람이 없는 날보다 15~20야드는 거리가 더 나오게 될 것이다. 혹 계통의 사람은 티 그라운드의 중앙으로부터 타구해 가면 좋다.

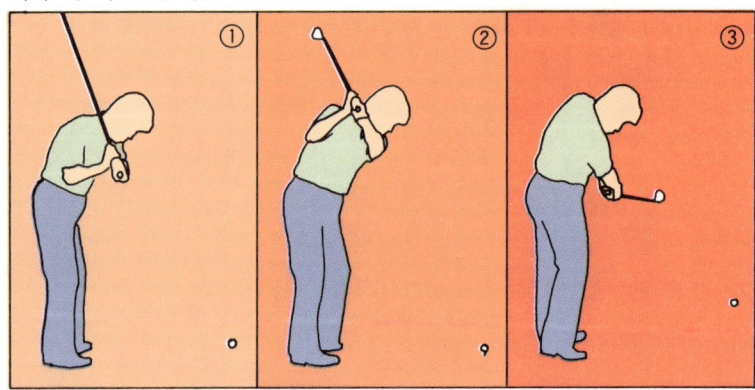

티 그라운드의 왼쪽 겨냥도 과감하게 한쪽을 노리면서 슬라이스 성의 바람에 얹는다

19. 드라이버

훅 성의 바람에 얹고 싶을 때

　오른쪽에서 왼쪽으로 부는 훅 성의 바람일 때는, 슬라이스 성의 바람일 때와는 반대의 위치에 티 업하게 된다.
　즉, 슬라이스 계통의 사람은 중간에서, 훅 계통의 사람은 오른쪽 끝에 티 업하고, 바람에 얹도록 한다.

　요컨대 훅 성의 바람이건 슬라이스 성의 바람이건, 바람이 불어가는 쪽에 서면 설수록, 바람의 악영향을 받기 쉽다는 것을 기억해 주기 바란다.

　단, 쇼트 홀에서는 바람이 불어가는 쪽에 티 업하고, 한 단계 큰 클럽을 사용하는 식도 있다. 이른바 바람을 거스르면서 치는 타법인데, 거리는 잘 나지 않아도 그린에서 멈추는 공을 칠 수 있기 때문이다.

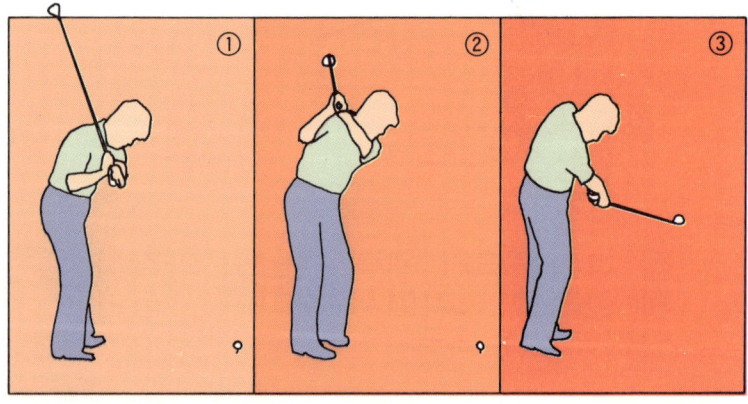

티 그라운드의 오른쪽 겨냥도 그대로 오른쪽을 향해서 겨냥하고 페어웨이를 공략한다

페어 웨이 우드 • **Fair Way Wood**

20. 페어 웨이 우드

비거리(飛距離)를 내고 싶을 때

만약, 클럽을 길게 쥐는 쪽이 공을 더 멀리 날려 보낼 수 있다고 생각한다면, 그것은 큰 잘못이다. 길게 쥐면, 그만큼 원심력이 작용해서 헤드 스피드는 나겠지만, 클럽이 공에 잘 맞아서 비거리(飛距離)가 나온다는 것과는 실제로 큰 차이가 있다.

페어 웨이 우드를 짧게 쥐고 연습 휘두르기를 해보아 주기 바란다. 길게 쥐었을 때보다 클럽 헤드가 원활하게 회전할 것이다. 그것은 그립을 짧게 쥠으로 해서 클럽이 회전하는 지점(支点)이 분명하게 생겼기 때문이다.

그 다음은 스탠스를 어깨 넓이로 취하고, 공 가까이에 서는 것이 중요하다.

아이언에서의 샷과 같은 요령으로 휘두르면 멋진 구질로 공은 날아갈 것이다.

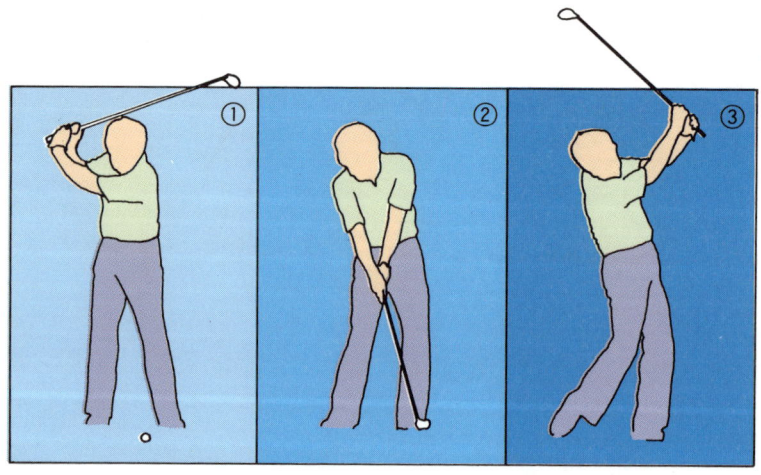

스탠스는 좁게, 클럽은 짧을 듯하게 잡아라

21. 페어 웨이 우드

비탈에서 잘 치고 싶을 때

티 샷에서 비록 페어 웨이를 두려워하지 않을 정도로 자신감을 가졌다고 해도, 공의 라이가 왼발 오르막의 라이이거나 오른발 오르막 라이일 때와 같은 실전(實戰)의 플레이는 좀처럼 뜻대로 되지 않는다. 이런 때 스푼이나 버피를 사용할 경우는 어떤 비탈진 라이이건 공통된 타법이 있다.

우선 클럽을 짧은 듯하게 쥐고, 쇼트 아이언으로 칠 때와 같은 요령으로 쳐주기 바란다.

우드를 쥐면 자칫 거리를 늘려보려고 지나치게 하반신을 써 버리고 말아 그만 미스를 범하게 된다. 이 때는 거리보다도 방향성을 소중히 한다는 생각에서 정확하게 휘두르면 오히려 거리도 잘 나오게 된다.

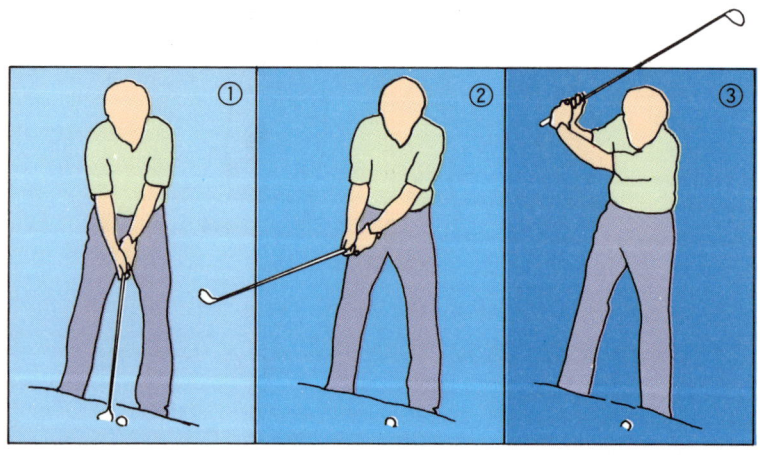

손가락 세 개로 클럽을 짧게 쥐면 원하는 목적지에 정확하게 보낼 수 있는 공을 취할 수 있다

22. 페어 웨이 우드

내리막에서 잘 치고 싶을 때

내리막의 비탈일 경우 쳤을 때, 공은 아무리 하여도 오른쪽 방향으로 나가기 쉽다. 따라서, 처음부터 얼마간 왼쪽으로 겨냥을 정한 쪽이 좋다. 그렇더라도 극단적으로 오른쪽으로 굽어지거나, 톱해 버리거나 할 때는 이러한 버릇의 공을 수정하지 않으면 안 된다.

크게 슬라이스 성의 공이 나오는 원인은, 다운 스윙에서 오른쪽 어깨가 위에서부터 덮어씌우는 듯한 자세에 있고, 톱의 원인은, 테이크 백에서 오른쪽 무릎이 뻗는 데 있는 것이기 때문에 이 기회에 양쪽 다 고쳐 버리도록 하자. 공은 몸의 중앙 정면이다.

클럽을 짧게 쥐고, 두 무릎을 좁혀 톱을 얕게 취하고서 정확하게 치는 것이다.

이것으로 내리막에서의 샷은 좋게 이루어질 것이다.

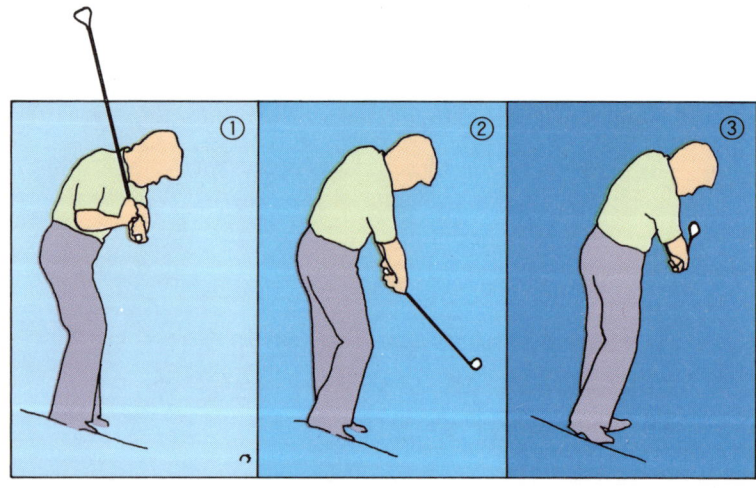

무릎을 굽히고, 톱은 얕게 휘두르면 서도 빼지는 않는다

23. 페어 웨이 우드

오르막에서 잘 치고 싶을 때

　오르막의 비탈에서 공을 맞히기 전에 먼저 땅을 때리는 미스를 범하기 쉬운 것은, 클럽 헤드의 각도가 잘못되어 있기 때문이다. 조심하면서 오른쪽을 향해 치더라도 결과는 마찬가지이다.
　거리를 내야겠다고 욕심을 내어 풀 샷을 하고 있지는 않은지를 생각해 보자. 이 때는 제3타에서 승부할 요량으로 치기 쉬운 곳에 내는 것만을 신경쓰면서 타구하자.
　그러기 위해서는 인사이드 인의 야구 스타일의 스윙은 금물이다.
　클럽을 짧게 쥐고, 과감히 바깥쪽으로 테이크 백을 취해, 공에 부딪치듯이 타구한다. 피니시는 필요치 않다.
　이렇게 함으로써 거리도 상당히 나오게 된다.

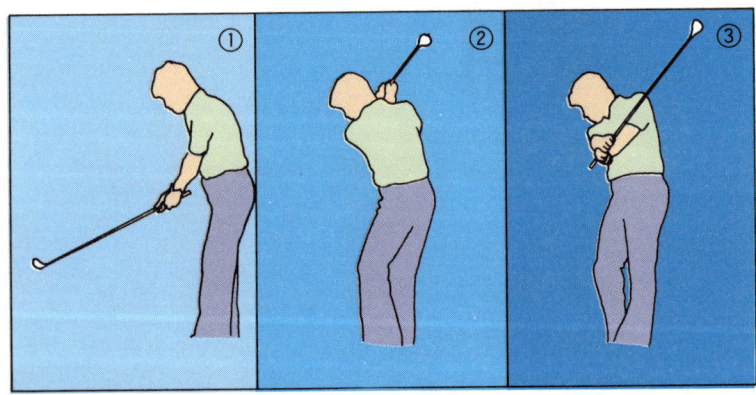

아웃사이드로 올려, 피니시를 취하지 않고 살짝 대는 듯이 스윙한다

24. 페어 웨이 우드

쳐올리기에서 잘 치고 싶을 때

　쳐올리기의 비탈에서, 왼쪽에서 공보다 땅을 먼저 치게 되거나, 반대로 스쿼시를 함으로써 오른쪽으로 푸시 아웃시키기도 하는 것은 어깨의 라인이 잘못되어 있기 때문이다.

　비탈을 대했을 때 두 어깨는 평행이 되어야 한다고는 생각하지 않는가? 이렇게 할 때 테이크 백은 오른쪽 뒤로 당기는 것이 되고, 반대로 다운 스윙에서 폴로 스루에 걸쳐서 클럽을 바깥쪽으로 내보내는 것과 같은 모양이 되어 결국 좋지 못한 공이 나온다.

　왼쪽 무릎은 말할 것도 없고 오른쪽 무릎도 부드럽게 굽혀 두 어깨의 라인을 수평이 되게 한다.

　즉, 비탈에 구애됨이 없이 상반신은 평소와 똑같은 어드레스가 되도록 하는 것이 중요하다. 그러면 테이크 백은 스트레이트로 오르게 되어 정확하게 공을 잡게 됨으로써 미스가 없어진다.

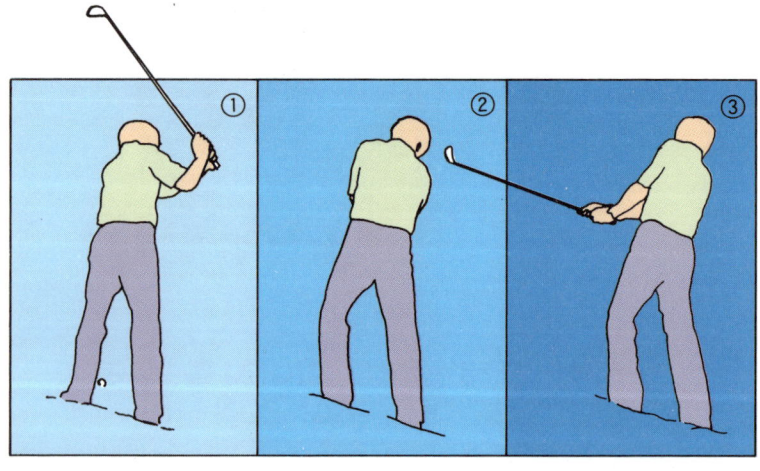

왼쪽 무릎을 굽히고, 두 어깨를 수평으로 유지한다

25. 페어 웨이 우드

얕은 러프에서 비거리를
내고 싶을 때

거리가 있는 러프에 들어섰을 때 롱 아이언을 택하여 휘두른 것은 잘한 일이지만 아무리 하여도 공이 오르지 않는 골퍼는 클럽 헤드의 회전을 무시하고 힘으로만 휘두르려고 하는 사람이다. 이런 사람은 '러프에서는 아이언으로 치자'라고 하는 생각을 버리는 것도 한 가지 방법이다.

얕은 러프이면 5번 우드, 즉 클리크로 쳐보기 바란다. 우드는 헤드가 풀 위를 미끄러져 버리기 때문에 아이언처럼 스쿼시하지 않고, 헤드가 무겁기 때문에 러프의 힘에도 지지 않는다. 게다가 로프트도 3번 아이언보다 있기 때문에 공이 높이 오른다는 좋은 장점을 가지고 있다.

얕은 러프에서는 클리크를 짧게 쥐고 느긋하게 휘두른다.

이것을 기억해 주기 바란다.

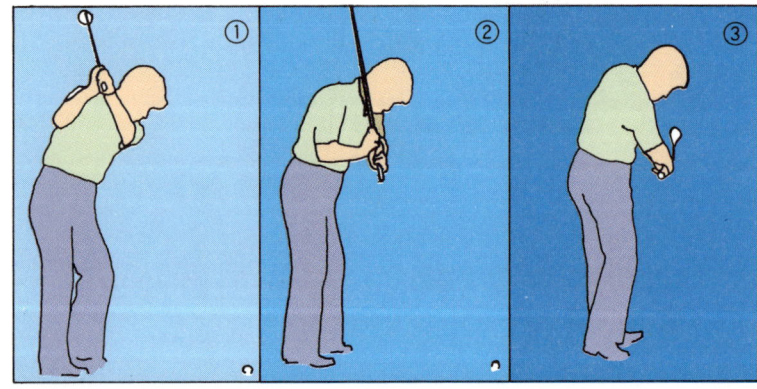

아이언은 그만두고 클리크를 짧을
듯하게 쥐고 느긋하게 휘두른다

26. 페어 웨이 우드

스쿼시를 고치고 싶을 때

버피나 클리크라면 몰라도 스푼을 다루기는 쉽지 않다는 사람은, 스푼을 드라이버에 가까운 감각으로 휘두르기 때문이다. 티 업 되지 않은 공을 드라이버의 감각으로 치면, 틀림없이 이것은 어려운 샷이 될 것이다. 자연히 떠내는 듯한 타구가 된다. 이것을 고치기 위해서는 스푼을 샌드 웨지로 생각해 주기 바란다.

짧은 듯하게 쥐고 벙커 샷의 요량으로 과감하게 클럽 헤드를 바깥쪽으로 올려서 타구한다.

이렇게 하면 공을 위로부터 때리는 형태가 되어, 위로부터 맞은 공은 자연히 올라가게 된다.

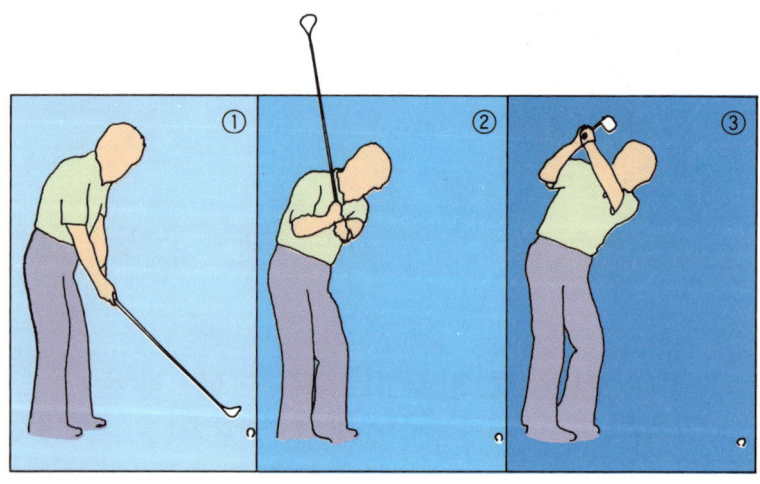

과감하게 헤드를 아웃사이드로 올려 간다

27. 페어 웨이 우드

높은 공을 치고 싶을 때

아무리 해도 공이 오르지 않고, 높은 공을 치지 못해 고민하고 있는 사람은 그 자신이 높은 공을 치지 못하는 스윙을 하는 것으로 보아도 틀림없다.

공을 올리려고 무리하게 어퍼 블로, 즉, 오른쪽에 체중을 남긴 채 떠올리는 것 같은 타법을 하고 있는 것이다. 오른쪽에 체중이 있으면, 테이크 백은 클럽을 오른쪽 뒤로 당기는 것 같은 모양이 되어 버리고, 이렇게 되면 낮은 공밖에 치지 못하는 것은 당연하다.

체중은 왼쪽에 둔 채로, 땅볼로 칠 요량으로 타구해 보자.

평소보다 공의 반개분만 공을 왼쪽에 놓고, 클럽은 바깥쪽으로 올리도록 한다. 이렇게 스윙을 하면 공은 슬라이스인 듯하게 높이 올라가 줄 것이다.

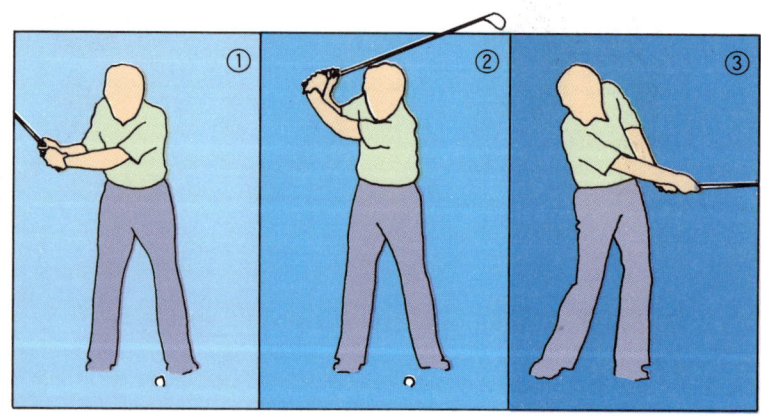

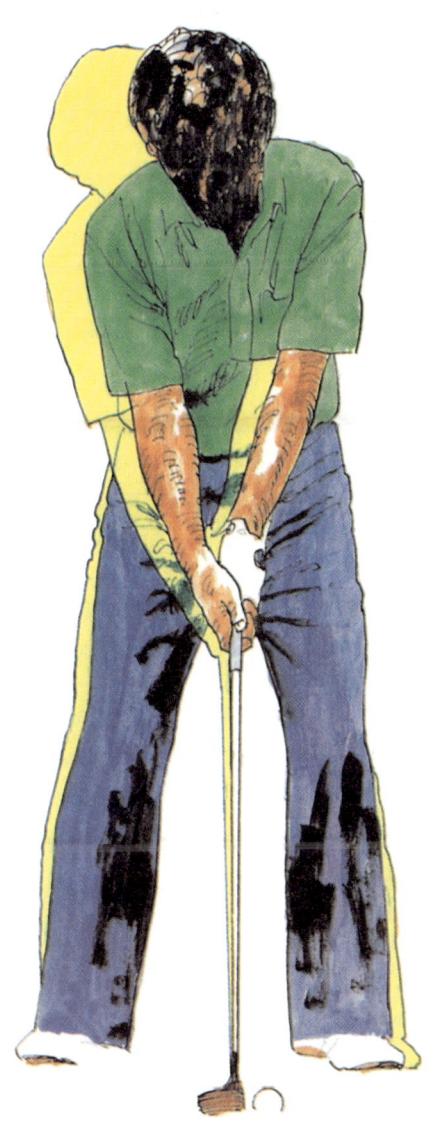

체중의 왼쪽 6할은 그대로 둔 채로 스윙한다

28. 페어 웨이 우드

멈추는 공을 치고 싶을 때

　페어 웨이 우드로 어떻게 그린에서 멈추는 공을 칠까하고 생각하는 것은 제법 어려운 문제이지만 어프로치와 똑같은 요령으로 타구하면 의외로 간단하게 풀린다.

　공을 멈추게 하는 기술이 까다로운 것은 스윙에서 지나치게 하반신을 사용하고 있기 때문이다. 특히, 다운 스윙에서 왼쪽의 무릎이 바깥쪽으로 빠져나갈 때는 대체로 공은 멈추지 않는다.

　공을 세게 내리꽂는 것이 아니라, 오른발에 체중을 남기고 공만을 저스트 미트한다는 것에 신경쓰기 바란다.

　그렇게 하면, 왼쪽 무릎이 멈추고, 헤드 스피드가 올라서, 백 스핀도 걸리기 때문에 공은 자연히 멈춘다.

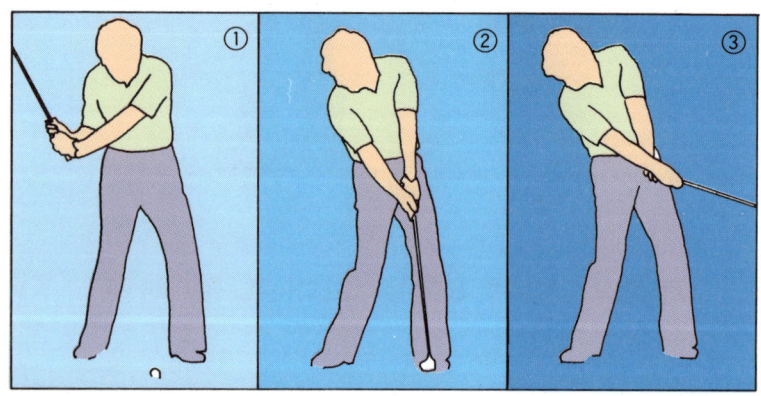

오른발에 옮긴 체중을 그대로 두고
공만을 저스트 미트한다

29. 롱 아이언

비탈에서 잘 타구하고 싶을 때

상당히 심한 듯한 비탈이 있는 곳에서 타구할 때, 우드는 도저히 무리이기 때문에, 아이언을 휘두른다고 하는 생각은 옳았으나, 그래도 미스를 한다면, 그것은 평소의 스윙과 똑같이 하려고 하기 때문이다. 정확히 어드레스하고 체중 이동을 한다고 해도 처음부터 무리한 일이다. 그냥 서 있기도 불편한데 올바른 스윙을 할 수는 없다.

이 때는 변칙 스윙을 권한다.

오르막 비탈이건 내리막 비탈이건, 체중은 처음에서 끝까지 왼발에만 둔다.

오른발에는 신경을 쓰지 말자. 이렇게 하는 편이 클럽의 궤도가 안정되고, 틀림없이 타구할 수 있는 데 도움이 될 것이다.

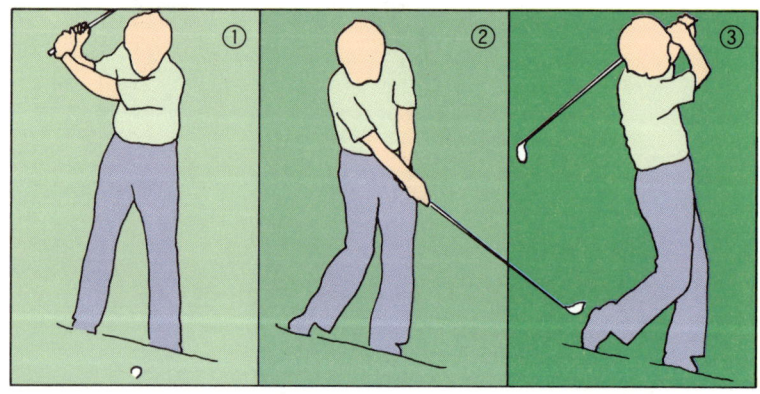

왼발의 한 발만의 타법으로 치는 요량으로 한다

30. 롱 아이언

톱 공을 고치고 싶을 때

롱 아이언을 쳤을 때, 아무리 해도 깨끗하게 맞지 않고 톱하는 버릇이 있는 골퍼는 롱 아이언을 지나치게 밀어 버리는 타법을 구사하는 사람이다. 롱 아이언이기 때문에 날리지 않으면 안 된다는 생각에서 지나치게 어깨나 팔에 힘이 들어가거나, 로프트가 별로 없는 클럽이기 때문에 공을 띄우기 어렵다는 생각에서 지나치게 보디 액션을 쓰게 되는 데 그 원인이 있다.

롱 아이언이 아니라, 자신은 쇼트 아이언을 휘두른다고 생각하자.

스탠스는 좁게 두 발이 허리 넓이의 안쪽에 들어갈 정도로 서서 가능한 한 왼팔의 힘을 빼고 휘두른다.

이렇게 해서 클럽 헤드의 무게가 느껴지기만 하면 되는 것이다. 처음에는 좀 불안하겠지만 반드시 좋은 타격이 나와서 공도 높게 오르게 된다.

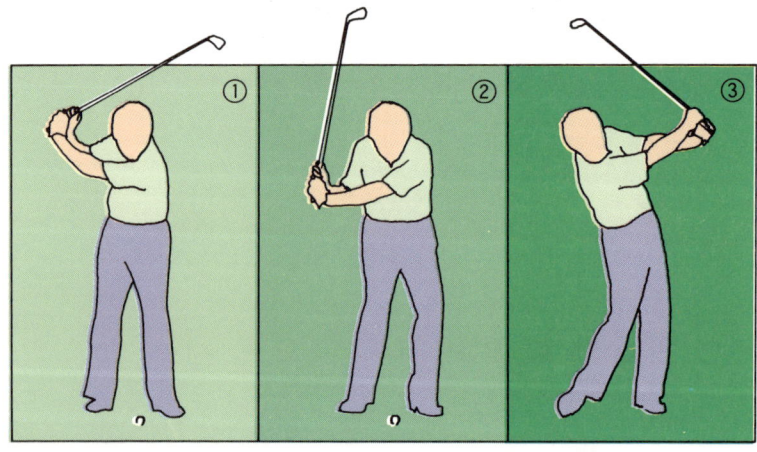

스탠스를 좁게 하고, 왼팔의 힘을
뺀다

31. 롱 아이언

러프에서 거리를 내고 싶을 때

러프에 들어갔으나 러프 위에 공이 떠 있다. '여기서는 한 번 우드로 날려 주자'라고 생각하고 타구하면 클럽 헤드가 공 밑을 빠져 나가 헤드 업 공이 되거나 클린 히트시켰어도 크게 왼쪽으로 빗나가는 일이 자주 생긴다.

페어 웨이 우드는 페이스의 옆 넓이는 있어도 세로의 넓이는 좁아, 휘둘러 빼기가 너무 쉽게 되어서 일어나는 불행한 미스인데, 이것을 고치는 데는 두 가지의 방지책이 있다.

상급자라면, 오히려 드라이버로 타구하자. 티 업과 똑같다고 생각하여, 페이스의 넓이를 믿고 편히 칠 수 있을 것이다.

자신이 없는 사람은 거리를 욕심부리지 말고 5번이나 6번 아이언으로 안전하게 타구하자.

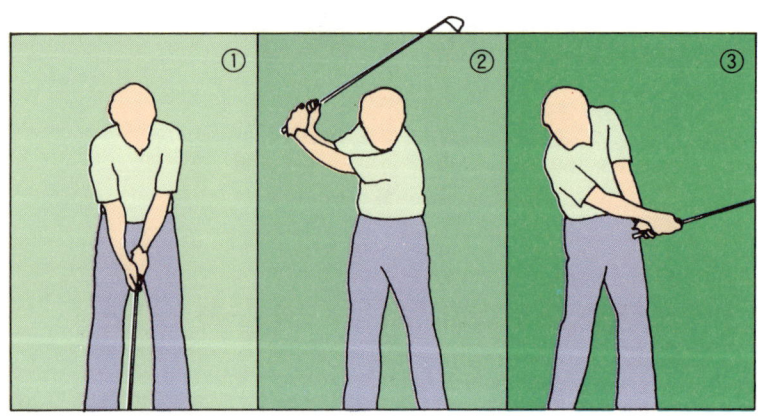

러프에 떠 있는 공을 칠 때는 욕심을 내지 말고 아이언으로 타구하자

32. 롱 아이언

깊은 러프에서 거리를
내고 싶을 때

곧잘 러프의 반발력에 지지 않으려고 하여 힘껏 휘둘러 빼려고 하는 사람이 있는데, 이렇게 되면 오히려 러프의 함정에 빠지게 된다. 힘주면 힘줄수록, 공과 클럽 페이스 사이에 러프가 엉켜 붙어 클럽의 힘이 공에 제대로 전해지지 않게 된다.

이런 상황에서는 느긋한 타이밍으로 휘두르는 것만을 생각하고 타구하면, 러프는 클럽이 하는 대로 움직여 공은 떠오르게 된다.

심한 러프의 경우라도, 이렇게 해서 페어 웨이에 내보내는 것만으로 만족한다면 분명히 스코어 업도 될 것이다.

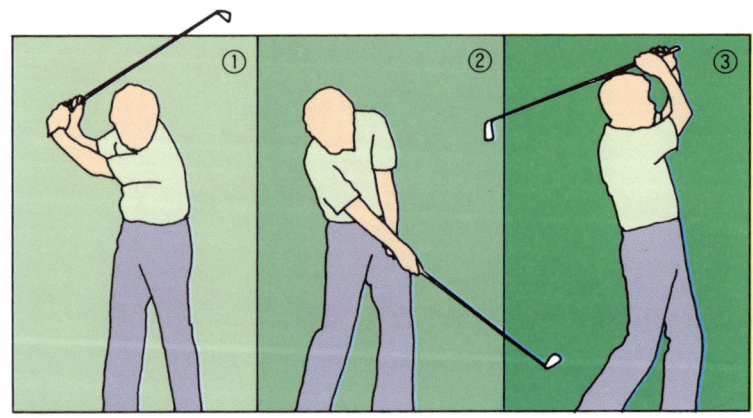

느긋한 타이밍으로 휘두르면 휘두를 수록 공이 떠오른다

33. 롱 아이언

숲에서 내고 싶을 때

공이 숲속에 들어가 버렸을 때, 욕심부려서 한 번에 온 그린을 노리는 것은 잘못이다. 일단 안전한 곳에 내도록 하자. 그런데도 톱 등과 같은 미스 샷으로 탈출할 수 없을 때 다음을 생각해 보자.

공을 낮게 내려고 하여 지나치게 오른발 가까이에 바싹 붙여 대고 있지는 않은가?

빨리 결과를 보려고 하여 헤드 업하고 있지는 않은가?

공은 로프트가 적은 클럽을 쥐면 자연히 낮게 나온다.

롱 아이언을 잔뜩 짧게 쥐고, 왼손이 공 위에 오도록 자세를 취한다. 공의 위치는 몸의 정면 중앙이다.

목표를 향해 곧게 서서, 결과를 두려워하지 말고, 천천히 치는 것만으로 단 한 번에 탈출할 수 있다.

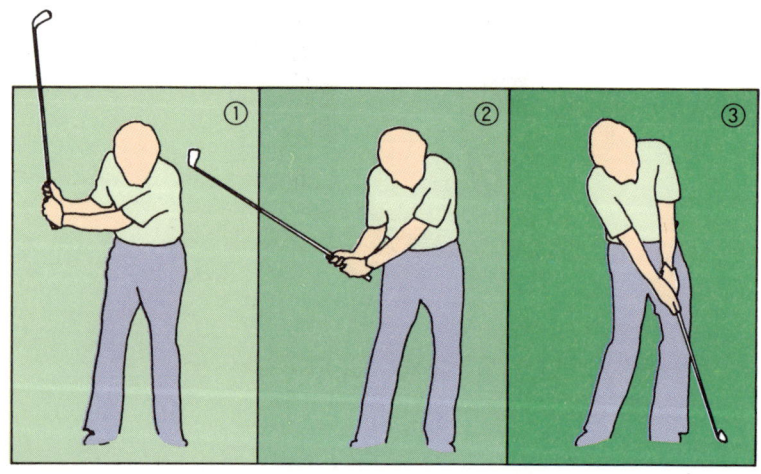

그립을 짧게 쥐고, 공은 몸의 중앙에 위치시킨다

롱 아이언 • Long Iron

미들 아이언 • Middle Iron

34. 미들 아이언

연못이나 골짜기 속에 넣고 싶지 않을 때

평소 같으면 쉽게 넘는 거리인데도 앞에 연못이나 골짜기가 있다는 것만으로, 자신감을 잃어 빨려들어가는 것처럼 연못이나 골짜기 속으로 쳐 넣고 마는 사람이 적지 않다.

연못이나 골짜기를 넘지 않으면 안 된다. 그러기 위해서는 공을 띄우지 않으면 안 된다고 지나치게 의식하여 어드레스에서 지나치게 체중을 얹고 그대로 떠올리기 타구를 하기 때문이다. 이 결과는 클럽보다 먼저 두 손이 아래로 처지고 오른쪽 어깨가 처져, 톱이나 스쿼시와 같은 미스 샷이 생긴다. 이런 때는 오히려 낮은 공을 친다는 생각을 해주기 바란다.

왼쪽에 체중을 둔 자세를 취하고, 공을 바로 위에서부터 왼쪽 절반을 보는 것 같은 기분으로 그대로 내리꽂는다.

이렇게 할 때 공은 높이 떠오르고, 연못이나 골짜기를 넘기는 문제는 쉽게 풀린다.

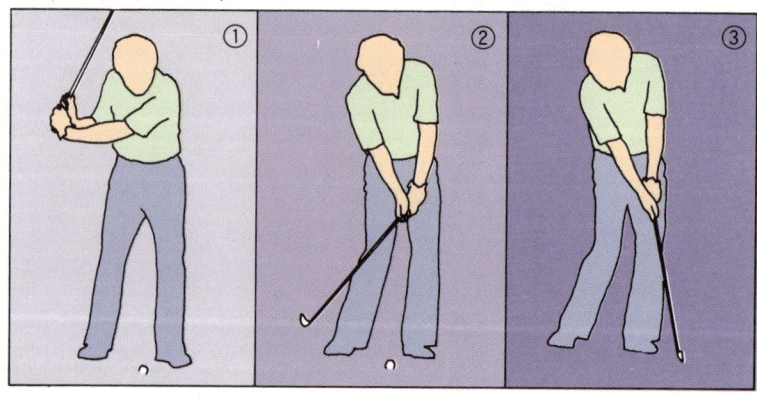

내려꽂기는 공의 왼쪽 절반을 본다
고 생각하면서 타구한다

35. 미들 아이언

크로스 벙커에서 거리를 내고 싶을 때

페어웨이 옆에 있는 벙커는 크로스 벙커이기 때문에, 어느 정도의 거리를 내지 않으면 안 된다라고 생각하여 미들 아이언을 휘둘러도, 결국은 샌드 웨지로 친 것과 같은 결과만 나오는 사람이 많다. 단지 날리는 것만을 생각해서 발판을 굳게 확립시키는 것을 잊고 하반신에 지나치게 힘이 들어가 있기 때문에 그러한 결과가 나온다.

크로스 벙커에서는 하반신의 움직임을 멈추고, 팔만으로 휘두른다는 생각을 가져야 한다.

스탠스는 어깨 넓이로 하고, 발판을 단단히 굳혀 두면서, 페어 웨이에서 친다는 생각으로 천천히 휘두르도록 한다.

발판을 굳혀 두는 의미는, 팔만으로 휘두르기 위해서이다.

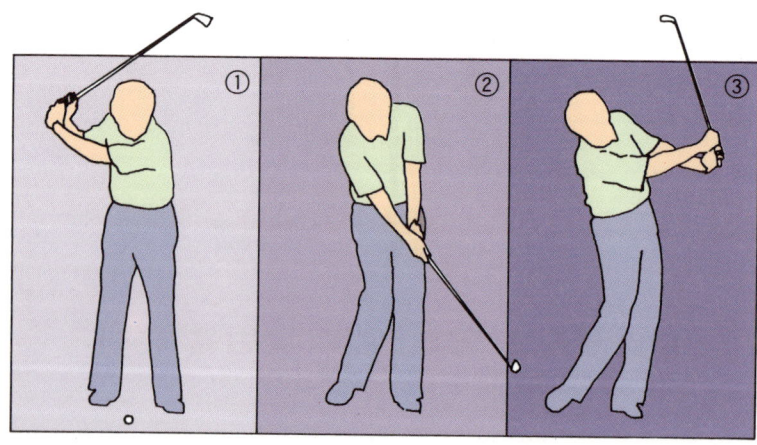

스탠스는 어깨 넓이로 하고, 팔만으로 휘두른다는 생각을 한다

36. 미들 아이언

크로스 벙커의 에지에서 잘 치고 싶을 때

크로스 벙커에서의 샷도, 공이 에지에 있게 되면, 꽤 귀찮아진다. 테이크 백을 취할 수 없게 되거나, 왼발은 벙커에 들어가 있고 오른발은 러프 속에 있는 식의 변칙 스탠스가 되기도 한다.

이런 때는 무리를 하지 말고 제3타에서 남은 거리를 확실하게 잡을 수 있도록 하여 자신감을 가질 수 있는 아이언으로 정확히 코스를 겨누자.

타법으로는 뒤쪽의 둑에 클럽이 맞지 않도록 콕을 빠른 듯하게 하고 왼쪽의 발판을 단단히 굳혀, 왼쪽 무릎을 절대로 움직이지 않도록 한다.

무릎이 움직이면 클럽의 궤도가 벗어나, 공은 톱하기 쉬워진다.

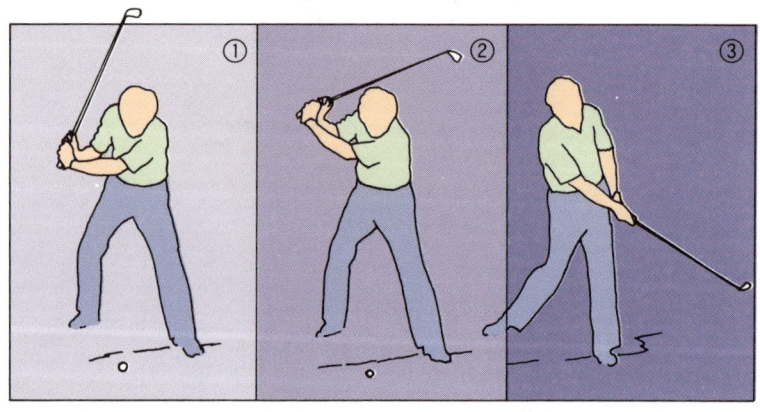

왼쪽 무릎을 움직이지 않고 코스로
정확히 내보낸다

37. 아이언

파 온하고 싶을 때

　골프는 티 그라운드에서부터 그린으로 가까워지면 가까워질수록, 여러 가지의 구제 조치가 준비되어 있는 게임이다. 예를 들면 티 샷을 잘못하여 좌우로 벗어나도 제2타에서 확실히 코스로 가지고 가면 원 온으로 파도 가능하다. 이러한 게임 플랜을 가지고 그린에 나서면, 스코어는 확실히 좋아질 것이다. 그러나 욕심을 내어 애버리지 골퍼가 큰 타구를 내는 것은 무리한 파 온을 노릴 때이다.
　그린 바로 앞에 벙커나 연못이 있거나, 또 제2타의 라이가 좋지 않을 때도 무리하게 그린을 겨누어 비록 운좋게 파온을 했다고 해도, 그것은 요행밖에 되지 않는다.
　라이도 좋지 않고 그린까지 80야드 이상의 거리가 있을 때는 망설이지 말고 코스만을 정확히 겨누는 것이 숙달의 비결이다.

코스를 겨누고 치면 파를 잡을 수 있다

38. 아이언

순풍을 타는 타구를
내고 싶을 때

바람이 없는 날에는 8번 아이언의 거리이지만, 순풍이 불어서 이를 감안하여 한 단계 짧은 9번으로 타구했더니, 쇼트해 버린 경험을 가진 골퍼가 많을 것이다. 순풍 때의 거리감은 잡기 힘들다. 순풍은 드라이버로 칠 때는 유리하나, 아이언으로 칠 때는 공이 멈추지 않아, 도리어 불리하게 된다. 그 때문에 한 단계 짧은 클럽을 쓰고 싶은 생각이 드는데, 실은 거기에 잘못이 있는 것이다.

바람이라는 것은 언제나 변화 무쌍한 존재이므로 바람의 영향을 받지 않을 수 있을 만한 낮은 공을 치지 않으면 안 된다.

이런 경우는 평소에 사용하는 번수의 클럽을 짧게 쥐고, 그린의 바로 앞 에지를 겨누고 치는 것이 바른 해답이다.

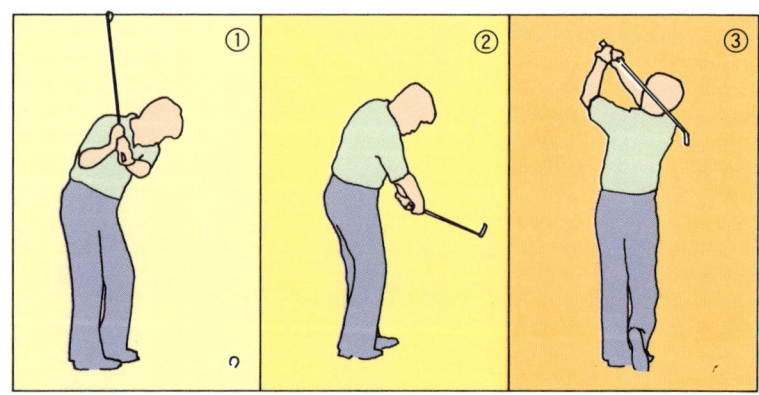

짧을 듯하게 쥐고 에지를 목표로 타구한다

39. 아이언

역풍을 극복하면서
치고 싶을 때

어게인스트 바람(역풍)에서 흔히 말하는 것은, 티 업을 낮게 하고 낮은 공을 치라는 것이다. 그렇지만, 이것은 고등 기술로서 오히려 공을 내리꽂기 쉬워져 공은 더욱더 바람의 영향을 받아 멀리 날아가지 않는다. 무엇보다도 티의 높이로 모든 경우에 대처해 나갈 수 있는 골퍼는 그리 많지 않다.

티는 보통의 높이로 하고, 평소보다 좀 짧게 쥐고서 천천히 휘두른다.

짧게 쥐면 자연히 구질은 낮아지게 되며, 천천히 휘두르면 공에 역회전도 붙지 않아서 바람에 의해 뒤로 밀리는 일도 없다. 아이언으로 칠 때는 평소에 쓰던 아이언이 충분하지 못하면 번수를 높이면 될 것이다. 역풍일 때는 바람에 지지 않는 공을 쳐야겠다고 하는 마음을 가지는 것이 오히려 가장 큰 적인 것이다.

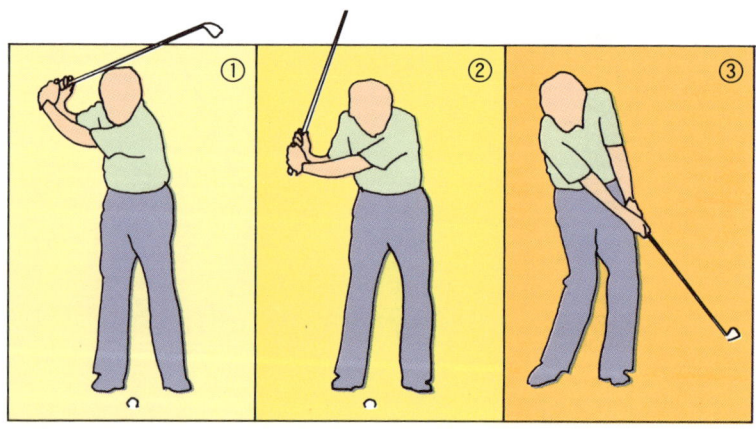

번수(番手)를 높여 짧게 쥐고 천천히 휘두른다

쇼트 아이언 • Short Iron

샌드 웨지 • Sand Wedge

40. 쇼트 아이언

높은 공을 치고 싶을 때

　벙커 넘기기 등, 쇼트 아이언에서 높은 공을 치고 싶을 때, 공을 띄우지 못하면 안 된다. 공이 뜨지 않는다고 하는 것은 로프트대로 치고 있지 않다는 얘기다. 공을 띄우라고 하면 떠올리기 타구를 하는 사람이 많은데, 그렇게 하면 공이 뜬다고 생각하기 때문일 테지만, 결과는 그것과 반대가 된다. 내리꽂듯이 쳐야만 클럽 본래의 로프트가 살려져 공은 뜨는 것이다.
　그러기 위해서는 벙커 샷의 요령으로 콕을 빠른 듯하게 하면 된다.

　그것이 힘들면 어드레스 때 공을 평소보다 왼쪽에 오도록 해주기 바란다.

　그것만으로, 클럽은 자연히 바깥쪽으로 오르고, 슬라이스 경향으로 공은 떠오르게 된다.

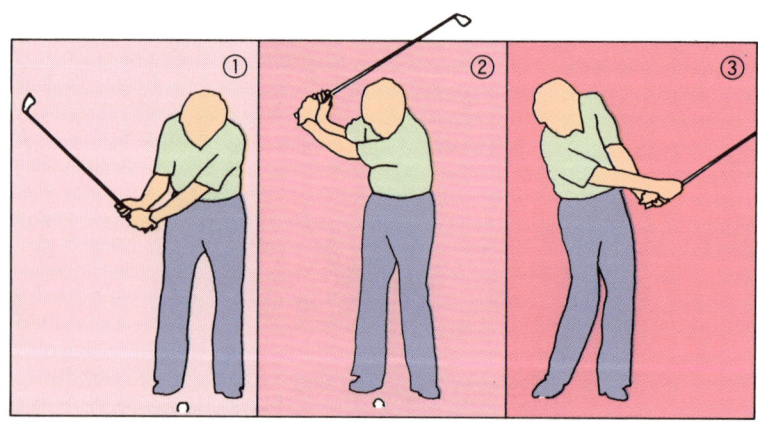

공 한 개분 정도 왼쪽으로 놓고 밖으로 띄운다

41. 쇼트 아이언

톱 공을 고치고 싶을 때

 쇼트 아이언은 작은 어프로치가 됨에 따라 짧게 쥐어야 한다고 믿어 버리는 사람은 짧게 쥐면 지나치게 웅크려, 막상 타구 때에 몸이 솟아 오르게 되고 톱 공을 치고 만다.

 이런 사람은 클럽을 길게 쥐고, 무릎을 부드럽게 유지하면서 뻗는 듯한 경향으로 어드레스해 주기 바란다. 그 다음은 폴로 스루의 크기로 거리를 맞추어서 타구해 간다.

 이렇게 하는 이유는, 폴로 스루는 테이크 백과 달리, 똑똑히 자신의 눈으로 볼 수 있고, 그 넓이에 거리를 맞추어 가면 되기 때문이다. 우선 연습 휘두르기로 이것을 확인해 놓는 것이 좋겠다.

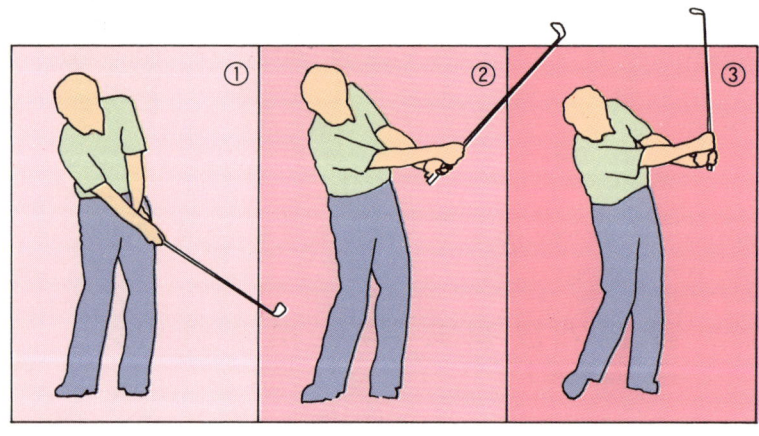

웅크리지 않고 클럽을 길게 잡고서
과감하게 빼 간다

42. 쇼트 아이언

힘주는 것을 고치고 싶을 때

어프로치에서 과도하게 힘을 주게 되는 것은, 대개 어드레스에 문제가 있다. 왼손을 지나치게 공 앞으로 내면, 테이크 백에서 왼쪽 어깨가 처진다. 반대로 임팩트에서는 왼쪽 어깨가 들리고 오른쪽 어깨가 처지는 식으로, 전형적인 '힘을 주어 타구하는' 패턴이다.

공은 중앙에서 약간 오른쪽이 되도록 어드레스해 주기 바란다.

그리고, 턱을 죄고 공을 바로 위에서부터 보며 그대로 친다.

턱을 죄면 두 어깨는 반듯하게 일정해진다. 그 상태로 휘둘러 빼면, 이제 두 어깨는 왼쪽이나 오른쪽으로 처지는 일 없이, 공을 항상 클럽의 최하점에서 칠 수가 있다.

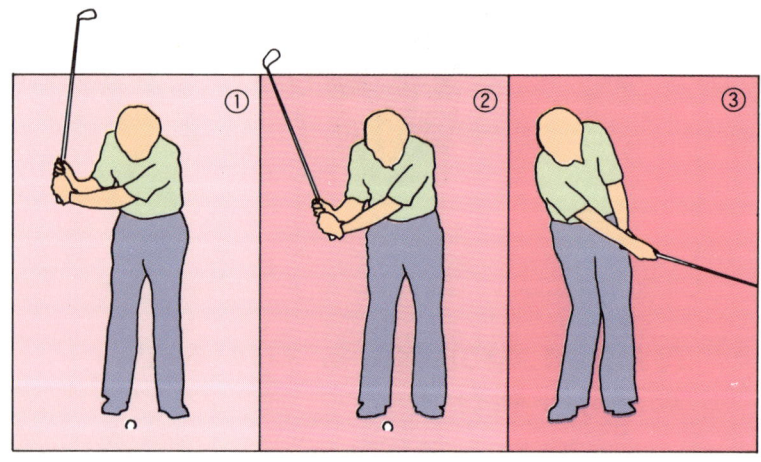

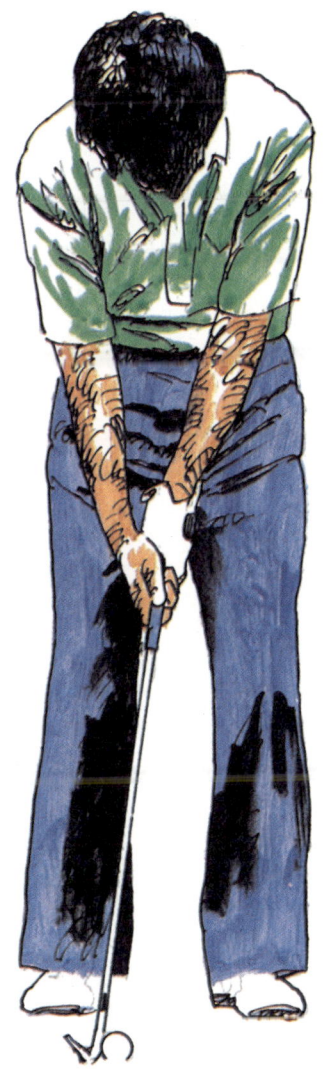

턱을 죄고, 바로 위에서부터 공을 보며 치자

43. 쇼트 아이언

페어 웨이에서 바싹 붙여 대고 싶을 때

클럽에는 왜 로프트가 있을까? 말할 것도 없이 경사도에 맞게, 또는 상황에 맞게 로프트대로의 공을 치기 위해서이다. 그런데 로프트에 대한 것을 잊고, 팔의 조작이나 몸의 조작으로 공을 띄우려고 하는 사람이 아주 많은 것 같다. 그 때문에 떠내기도 하고, 어드레스에서 오른쪽으로 체중이 쏠리기도 해, 스퀴시와 톱과 같은 미스를 되풀이하는 것이다. 예를 들면, 벙커 이외에서 샌드 웨지를 사용할 때도 다음과 같은 점을 유의해야 한다.

그 로프트대로 자연스럽게 땅바닥에 솔한다.

세우거나 뉘어서도 안 된다. 본래의 샌드의 로프트로 섰다고 생각하면, 그 샤프트와 땅바닥이 만드는 각도인 채 스탠스를 만들어 어드레스하도록 한다. 어떤 샷도 스윙의 기본은 모두 똑같다.

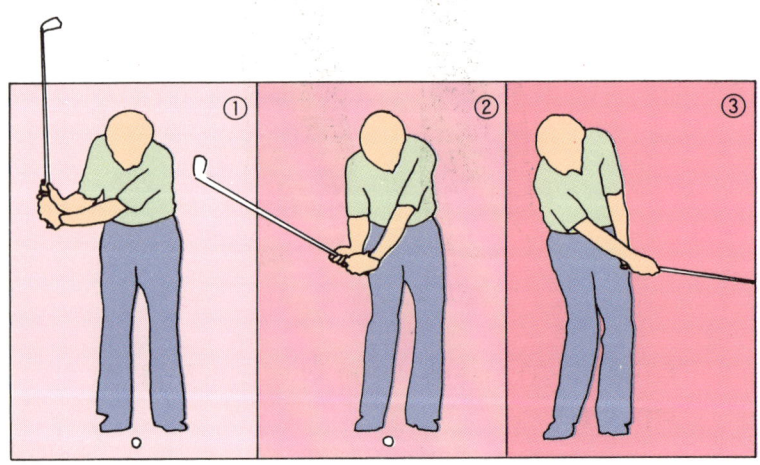

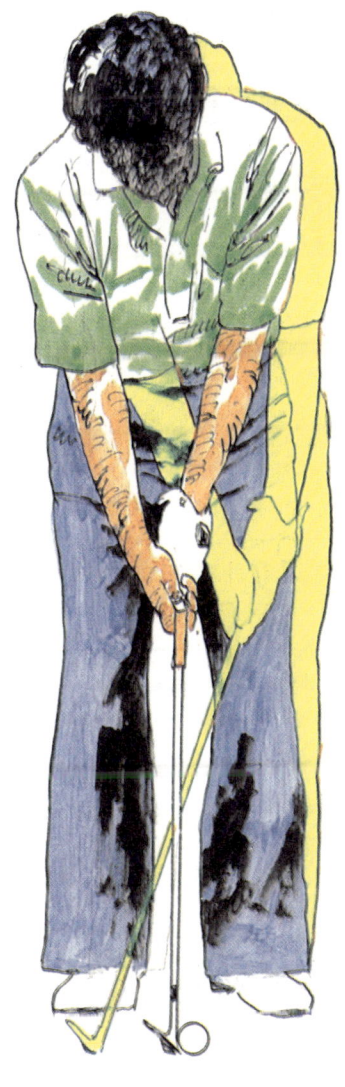

띄우려고 하지 말고 로프트를 믿자

44. 쇼트 아이언

러프에서 바싹 붙여
대고 싶을 때

러프에서의 어프로치는 순한 결일 때, 공에 스핀이 걸리지 않아 그린을 오버해 버린다. 반면에 반대의 결일 때는 지나치게 스핀이 걸려 쇼트하기도 해, 판단하기가 어렵다.

이같은 러프의 영향을 최소한이 되게 하기 위해서는, 어드레스에서 솔을 띄워서 자세를 취하고, 벙커 샷의 요령으로 타구한다.

그러자면, 테이크 백에서 콕을 빠를 듯하게 취하고 그 콕을 되돌리는 스피드로 샤프하게 공을 치면 된다.

오버되는 것을 두려워하지 말고, 아무튼 강할 듯하게 쳐주기 바란다.

러프 탈출에는 이런 과감성이 중요하다.

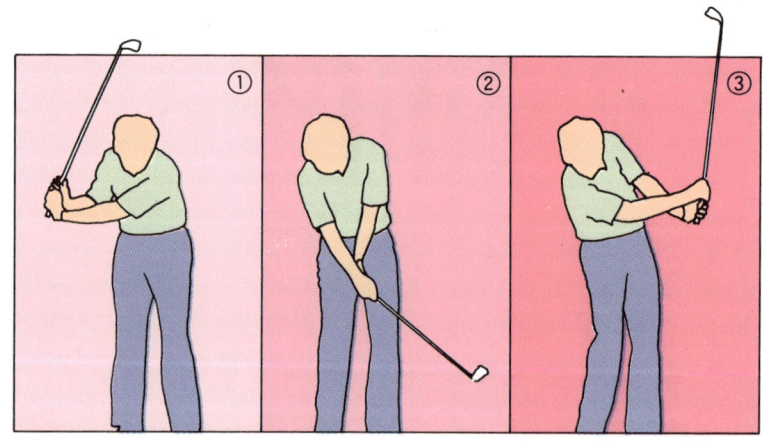

오버를 두려워하지 말고 강한 듯하게 쳐본다

45. 쇼트 아이언

굴려서 바싹 붙여 대고 싶을 때

러닝 어프로치에서 스쿼시하게 되는 이유는 한 마디로 말하면, 왼팔을 움직이지 않고 쳤기 때문이다. 바싹 붙여 대려고 생각한 나머지 왼팔이 땅기거나, 왼쪽 어깨가 들려, 공의 바로 앞을 때렸기 때문이다. 이것을 고치려면 몸의 자세를 원활하게 움직이도록 한다.

컵을 양동이 정도로 크게, 마음 편하게 생각하고, 테이크 백에서 왼팔을 자신이 생각하는 것보다 좀 크게 들어보자.

그 편이 왼팔을 움츠러들게 하지 않고, 릴렉스하게 칠 수 있는 데 있어서 편하다. 몸의 자세는 뒤로 미루고 우선 테이크 백에서 왼팔을 크게 움직인다. 이것이 최우선적으로 요구되는 사항이다. 연습에서는 두 발을 가지런히 하고 행하면 보다 효과적일 것이다.

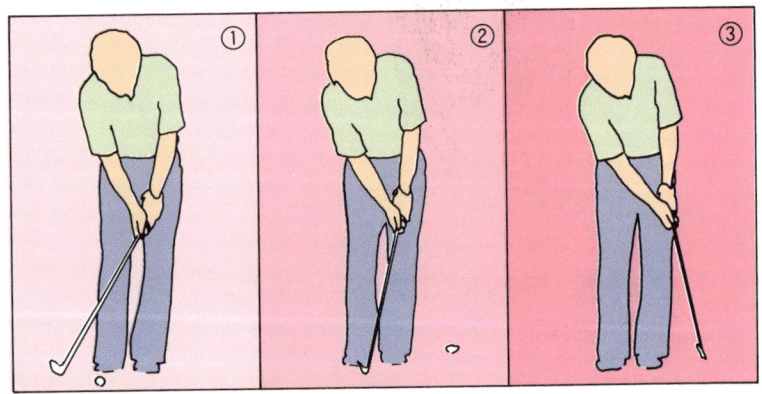

쿨 없이 리드하는 왼쪽 위로 취한다

46. 쇼트 아이언

그린 주위에서 바싹 붙여 대고 싶을 때

피치 앤드 런이라고 하면, 고도의 기술이라고 생각하는 사람이 많다. 그렇지만 러닝 어프로치의 연장이라고 생각하면 간단할 것이다. 공을 쳐올리는 데에 역할을 하는 것은 어디까지나 클럽의 로프트이다. 있는 그대로의 로프트인 채 부딪쳐 가면 로프트대로의 거리가 나오는 것이다.

어드레스에서 왼팔과 샤프트가 만드는 모양은 그림에서 보는 바와 같은 자세인데, 그 자세를 흩뜨리지 않은 채 그대로 공을 맞히자.

피니시는 생각할 필요가 없다. 이 때 똑같은 10미터를 굴리는데, 7번 아이언이면 3미터 앞, 8번이면 5미터 앞, 피칭 웨지이면 20미터 앞에 떨군다는 식으로, 클럽의 거리를 알아두는 것이 중요하다.

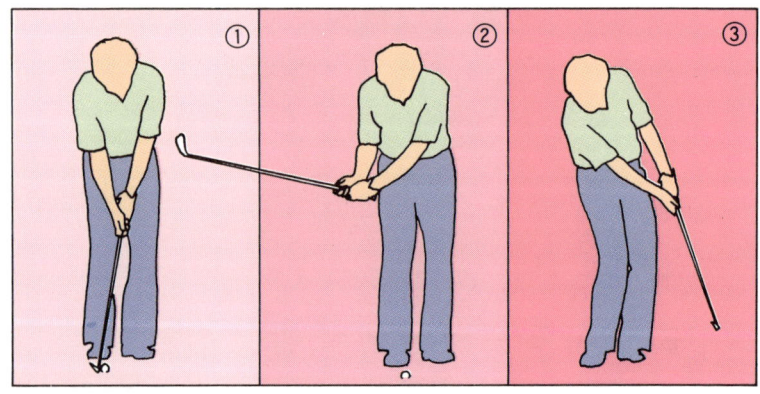

그림에서의 자세를 흩뜨리지 말고 그대로 임팩트한다

47. 쇼트 아이언

그린 에지에 바싹 붙여
대고 싶을 때

공에서부터 그린 에지까지 1미터, 컵은 거기서부터 다시 6∼7미터의 거리에 있다고 할 때 여기에서 나타나는 미스는 지나치게 테이크 백을 취하거나, 또는 테이크 백의 크기는 알맞아도 이번에는 손이 움직이지 않고 뒤틀려 버림으로써 나타난다.

이런 때는 샌드 웨지를 사용한다.

그리고 그린 에지에 공을 떨어뜨릴 요량으로, 페이스를 덮을 듯이 작은 테이크 백을 취하고, 피니시 없이 강하게 공을 친다.

이렇게 할 때 공에는 백 스핀이 걸리고 컵 옆에서 멈추는 것(칩인)이 된다.

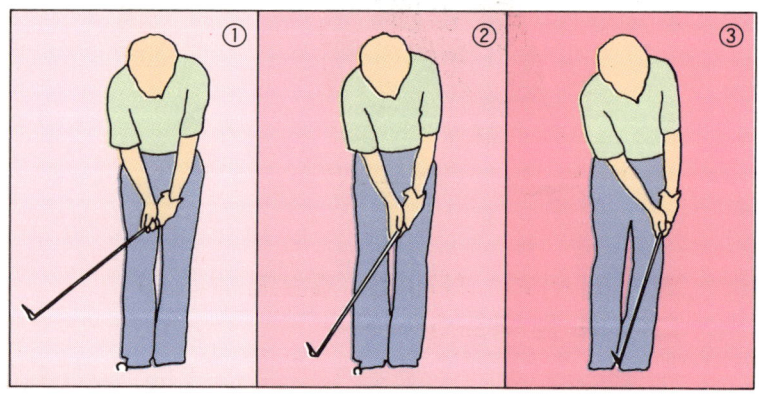

칩 인을 작게 당겨 강하게 친다

48. 쇼트 아이언

소켓을 고치고 싶을 때

 쇼트 아이언에서의 소켓은 실력이 있는 골퍼에게서 많이 나타난다. 그리고 좋지 않게도 소켓은 연달아 나오기 쉽다.
 애써 그린 가까이까지 와서 소켓이 나온다는 것은, 오픈 스탠스를 취한 데서 그 원인이 많다. 부드럽게 공을 치려고 하지만, 그런데도 곧장 핀에 바싹 붙여 대려고 하기 때문에, 다운 스윙에서 왼쪽의 겨드랑이가 열리고 두 손이 핀 쪽으로 나가게 된다. 그 때문에 클럽을 되돌리기가 늦어져 힐과 샤프트의 붙은 부분에 공이 맞아 소켓이 된다.

 소켓이 나오면, 오픈 스탠스를 스퀘어로 되돌리고, 보통의 스윙으로 하면 바로 고쳐진다.

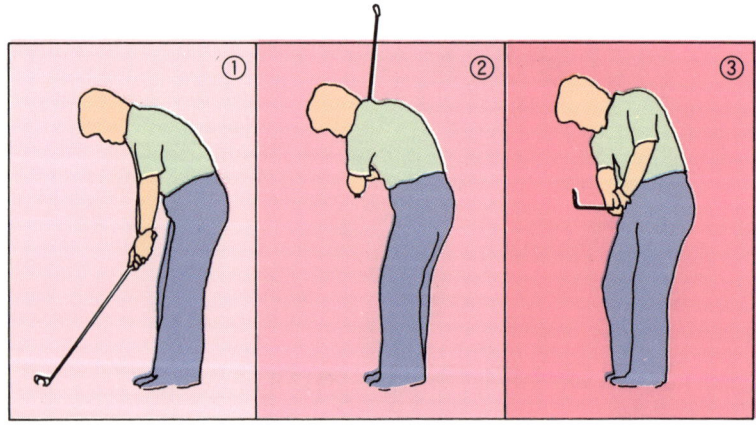

스퀘어로 서서, 페이스는 목표에 맞춘다

49. 쇼트 아이언

단단한 모래 벙커에서 바싹 붙여 대고 싶을 때

벙커에서 모래가 단단하거나 모래가 없어서 지면이 나와 있기라도 하면, 피칭 웨지를 사용하는 경우가 많다. 샌드 웨지는 둥글게 되어 있는 솔이 두껍기 때문에 단단한 모래에 세게 튀겨 톱하는 미스가 간혹 있다. 샌드 웨지의 경우, 약간 짧게 쥐고, 공을 오른발 가까이 놓고 치게 되는데, 중급 이하의 골퍼라면 피칭 웨지 쪽이 더 적합할 것이다. 샌드 웨지만큼 솔이 두껍지 않기 때문에 공 밑에 페이스가 들어가기 쉽기 때문이다.

공은 오른발 가까이에 놓고 내리꽂는 타법을 구사하기 바란다.

로프트가 샌드 웨지만큼 없다는 점과 오른발 가까이에 공을 놓는다는 점에 의해 구질은 낮아지기 때문에, 상황을 잘 확인하고서 판단해 주기 바란다.

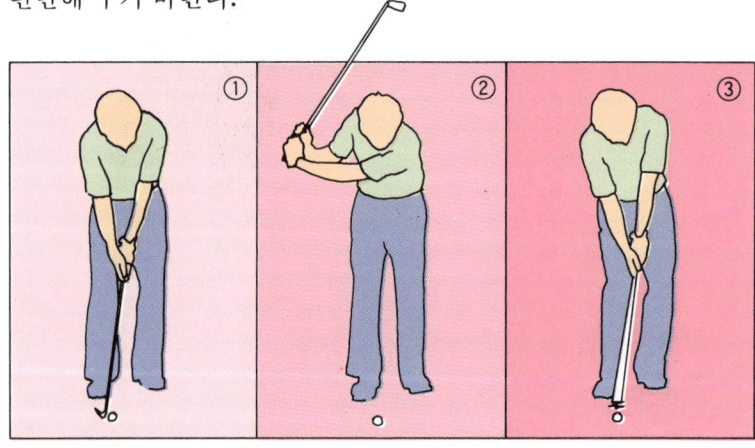

샌드 없이 공을 오른쪽으로 피칭한다

50. 샌드 웨지

벙커에서 바싹 붙여 대고 싶을 때

 벙커 공포증이 있는 골퍼는 대개 자신의 리듬과 타이밍으로 타구하지 못하는 사람이다. 이른바, 타구하기에만 급급해서 아직 충분한 백 스윙을 하지 않은 채 성급하게 휘둘러 내리는 일이 아주 많다. 모래를 치기 위해서는 어느 정도의 백 스윙의 크기가 필요하다. 짧은 거리라고 해서 어프로치 때와 같은 테이크 백으로는 성공하지 못한다.

 천천히 평소의 두 배 시간을 들일 요량으로 큰 백 스윙으로 쳐보기 바란다.

 공을 직접 치지 않기 때문에, 가장 쉬운 샷이라고 할 수 있으므로 자신감을 가지고 쳐볼 필요가 있다.

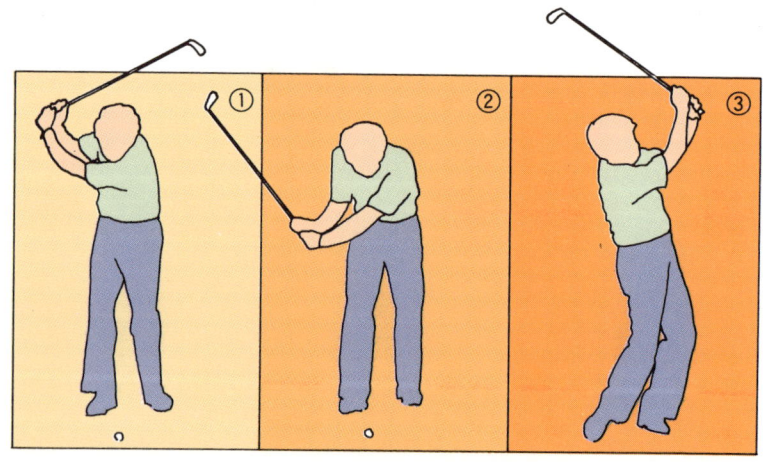

올리고 내리기는 평소 스윙의 두 배의 시간을 들여 샷한다

51. 샌드 웨지

가까운 벙커에서 바싹 붙여 대고 싶을 때

벙커 샷의 거리 조절은 페이스의 벌리기 상태 및 공과 몸의 간격으로 행하되 테이크 백의 크기로 하면 안 된다. 모래와 함께 공을 떠올리기 때문에, 테이크 백은 어느 정도의 넓이가 필요하다. 그 때문에 크기는 항상 일정해도 되는 것이다. 그렇지만 바로 거기에 핀이 있는 경우, 아무래도 테이크 백을 작게 하기 쉽고, 그렇게 되면 짧게 치는 스타일이 되고 만다.

따라서, 평소보다 넓게 오픈으로 스탠스를 취하고, 몸과 공의 간격도 공 두 개분만큼 두고 선다.

이것으로 '거리가 나오지 않는' 준비가 된 셈이고 그 다음은 평소의 테이크 백 크기로, 과감하게 휘둘러 빼면, 커트된 공이 높게 날아 올라갈 것이다.

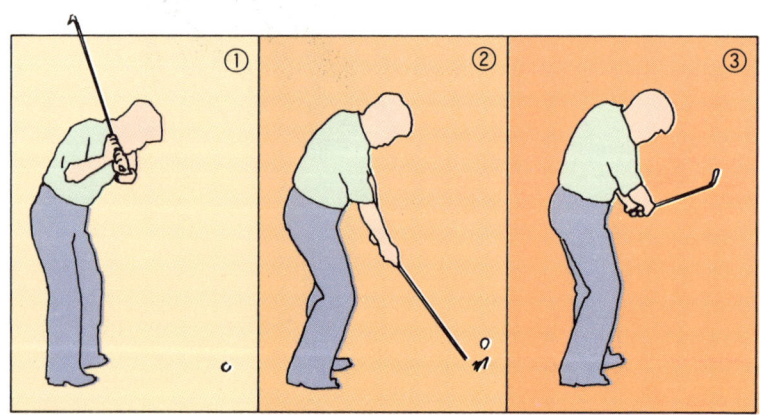

발을 벌리고, 몸과의 간격은 공 두 개분만큼 두고 멀리 선다

52. 샌드 웨지

먼 벙커에서 바싹 붙여
대고 싶을 때

그린 벙커에서 무사히 꺼낼 수 있는 거리의 한계는, 중급자에게 있어서는 25미터 정도의 거리가 가장 어렵다고 한다. 거리가 있기 때문에, 세게 치려고 하면 모래에 깊이 박힐 뿐이다. 또는 페이스를 덮은 채 거리를 내려고 하면 두텁게 되는 식의 예가 아주 많다.

이런 때의 탈출법은 공 한 개만큼 가까이에 서서 느긋한 타이밍으로 휘두른다.

공 한 개만큼 가까이 서면, 자세가 서고 그립의 위치도 높아지게 된다. 그만큼 스윙의 궤도도 커지고, 의외로 거리도 나온다. 여기에 느긋한 타이밍으로 휘두르면, 벙커 탈출에의 확실성이 더해진다.

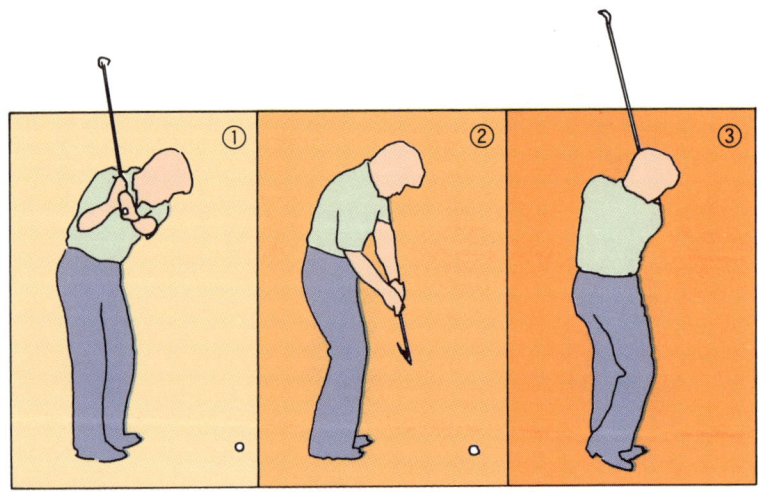

공 한 개분 정도 가까이에 서면 거리가 나온다

53. 샌드 웨지

부드러운 모래의 벙커에서 바싹 붙여 대고 싶을 때

부드러운 모래의 벙커 샷은, 물에 띄워진 탁구공을 친다는 이미지로 파악해 보면 알기 쉽다. 힘을 주고 치면 물보라만 칠 뿐이다. 마찬가지로 벙커에서도 모래가 부드럽기 때문에 클럽이 묻혀 들어갈 것으로 생각하고 힘주어 치면, 더욱더 모래 속에 파묻혀 들어갈 뿐이다.

클럽을 모래 속에 잠겨들게 하지 않기 위해서는, 테이크 백을 낮게 취한다.

이것이 비결이다. 공을 약간 왼발 가까이에 두고, 평소보다 클 듯한 백 스윙을 취한다. 이 때, 테이크 백의 초기에는 낮고 길게 취하도록 한다. 그렇게 해서 물에 뜬 탁구공을 물까지 얇게 '도려 내는' 이미지로 힘주지 말고 휘둘러 주기 바란다.

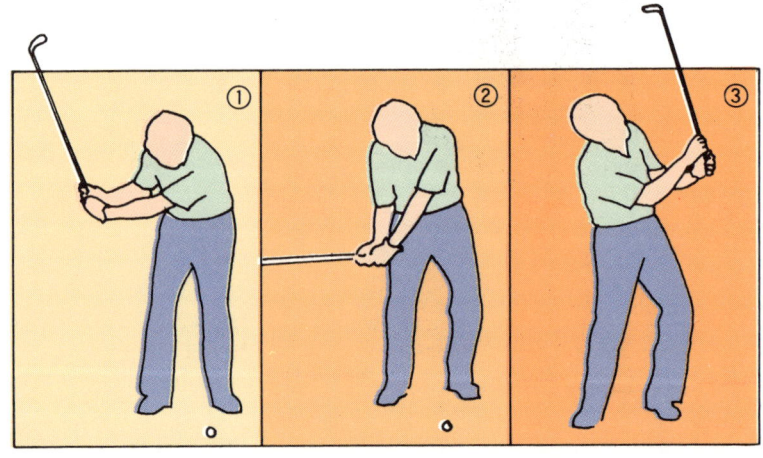

공을 왼쪽 테이크 백으로 낮게 취한다

54. 샌드 웨지

고정물이 있는 벙커에서 바싹 붙여 대고 싶을 때

　고정물이 높은 벙커 안에서, 공을 띄우려고 하면 할수록, 어드레스에서 체중이 오른쪽으로 얹히게 되는 사람이 의외로 많다. 아무리 해도 시선이 고정물을 보게 되기 때문일 테지만, 실은 이것이 공을 띄우기 어렵게 하고 있는 원인이다. 공은 클럽 페이스가 위에서부터 예각(銳角)으로 들어가면 들어 갈수록, 예각으로 떠오르게 된다.

　공은 약간 왼쪽에서 왼쪽에 체중을 둔 채 위에서부터 페이스를 때려 박듯이 친다.

　이 이미지로 내리치면, 반드시 공은 떠오른다. 피니시는 필요치 않다. 이런 경우, 스탠스나 페이스도 오픈이 되게 하는 쪽이 좋다. 왜냐하면 커트 치기가 되고, 보다 높게 공도 떠오르기 때문이다.

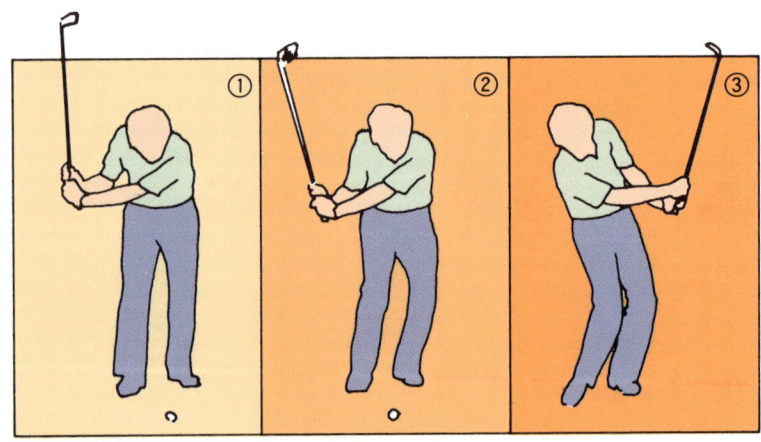

공은 왼쪽 페이스를 벌리고 과감하게 쳐 나간다

55. 샌드 웨지

에그 플라이의 벙커에서 바싹 붙여 대고 싶을 때

에그 플라이(눈알박이)가 되면, 보다 페이스를 벌리고 익스플로젼 샷을 하라고 흔히들 말하지만, 이것은 강한 파워를 지닌 사람에게밖에 통용되지 않는다. 이런 경우는, 샤프트의 휨을 이용하는 쪽이 현명하다.

임팩트의 순간, 백 스윙 쪽으로 클럽을 당긴다.

이렇게 하면 샤프트는 반대로 비구(飛球) 방향으로 휘고, 그 휘는 성질이 힘을 갖게 되어 공 밑의 모래에 깊이 들어가서, 모래와 함께 공을 떠내게 된다. 꼭 모래와 함께 떠올려야겠다고 하는 마음이 익스플로젼 샷을 어렵게 만든다. 왼쪽에 체중을 두고 페이스를 덮을 듯하게 땅과 함께 공에 때려 박듯이 쳐주기 바란다. 샤프트의 휘는 힘과 함께 때려 박는 힘이 함께 들어갈 것이다.

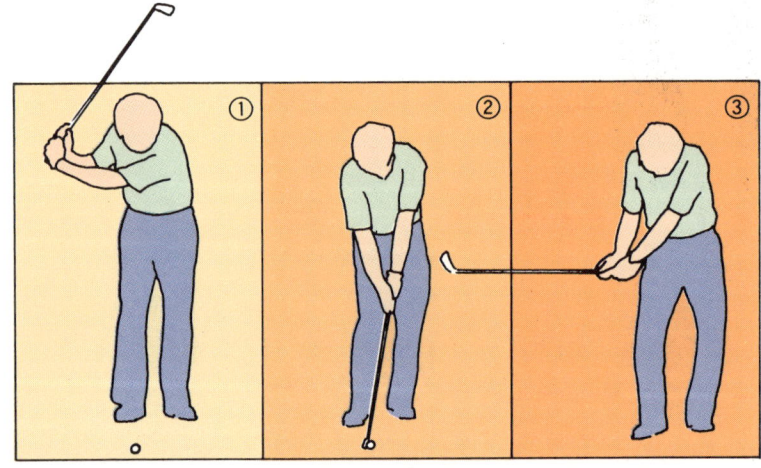

타구한 뒤, 피니시 없이 클럽을 당긴다

56. 샌드 웨지

벙커에서의 '홈 런'을
고치고 싶을 때

벙커 샷일 때, 클럽은 짧게 쥐라고 흔히들 말하는데, 이것을 그대로 받아 들여서는 안 된다. 이것은 발판을 굳힌 만큼 짧게 쥐면 된다는 의미일 뿐이다. 그 이상 짧게 쥐면, 두 무릎이 굽어져 몸이 웅크려지고 만다. 그렇게 되면 타구할 때 두 무릎이 뻗어서 '홈 런' 등의 미스를 낳게 된다.

무릎을 경직되게 뻗고 서는 것이 아니라, 여유를 가지고 곧바로 선다.

클럽은 페이스를 공에 맞출 정도의 길이로 쥔다. 다운 스윙에서는 아무리 해도 낮아져 버리기 때문에 공 밑의 모래를 함께 취하는 데는 그것만으로 족하다. 그 다음은 손으로 친다는 생각으로 지나치게 무릎을 쓰지 않으면 '홈 런'은 없어지게 된다.

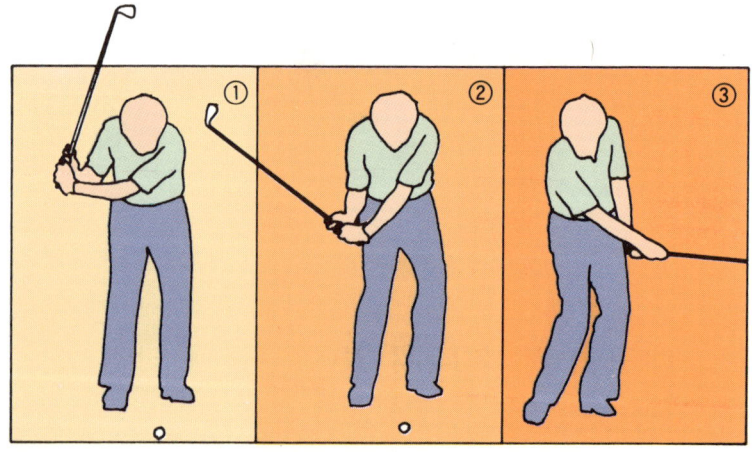

선 상태 그대로 흩뜨리지 않고 모래를 친다

퍼터 • Putter

퍼터 • Putter

57. 퍼터

잔디 결을 읽고 싶을 때

잔디 결을 읽는 법에는 몇 가지가 있다.

햇빛이 비치고 있어도 옅게 보이면 순한 결, 그림자가 생겨 짙게 보이면 반대결이다.

이것은 벤트나 코라이잔디 모두 다같이 적용된다. 벤트만 한정해서 말한다면, 그것만의 특징은 물의 흐름을 기준으로 높은 쪽이 순한 결이 된다. 높은 산이 있다면, 그것을 표시로 삼을 수 있을 것이다. 잎사귀도 작고 부드럽기 때문에, 잔디의 결 자체는 연한 것이 특징이다.

반대로 코라이는 결이 다부지고, 햇볕이 따가운 쪽에서부터 잔디는 성장한다. 또, 다음 홀을 향해 생긴 순한 결은 사람이 그쪽으로 걸어서 자주 짓밟고 가기 때문에 생긴 것이다.

잔디의 색깔이 엷으면 순한 결, 짙으면 그 반대 결이다

58. 퍼터

비탈을 읽고 싶을 때

　인간의 눈은 길이와 넓이는 잘 판단할 수 있어도 높이는 판단하기 어렵다고 한다. 그린의 비탈의 경우가 바로 여기에 해당한다. 그린 안에 들어가 버리면, 비탈의 미묘한 면은 눈에 잘 들어오지 않는다. 그렇지만, 이 비탈도 그린의 밖이면 잘 보인다.

　그린에 올라올 때, 비탈의 제일 높은 곳과 제일 낮은 곳을 눈에 분명히 새겨두기 바란다.

　그리고 그린에 오르면 자신의 공과 그 높낮이의 비탈에 대한 정보를 엮어서, 오르막이냐 내리막이냐의 판단을 하도록 한다. 그린의 비탈은 밖에서 본 '첫 느낌'이 가장 정확한 것이다.

비탈은 그린의 바로 앞에서 확인한다

59. 퍼터

롱 퍼트를 바싹 붙여
대고 싶을 때

롱 퍼트는, 임팩트에서 왼손의 움직임을 멈추면 바싹 붙여 댈 수 있다. 물론, 테이크 백으로 거리를 조절한다.

그러나 이렇게 말하면 도저히 믿지 못하겠다고 생각하는 사람도 있을 것이다. 그렇지만 임팩트에서 왼손을 멈추면, 자연히 퍼터의 클럽 헤드가 되돌아오고, 공이 페이스에 얹히듯이 타구되어 잘 구르는 공이 나온다.

롱 퍼트에서 바싹 붙여 대지 못하는 사람은 테이크 백보다는 폴로 스루로 거리를 조절하려고 팔만으로 퍼터를 앞쪽으로 밀어내는 사람이다. 이렇게 되면, 퍼터의 궤도도 안정되지 않고 공에 클럽 헤드의 무게가 전해지지 않는다.

연습 그린에서 테이크 백과 거리의 관계를 파악해 두고, 정식 경기에서는 헤드로 치는 것만을 생각해 주기 바란다.

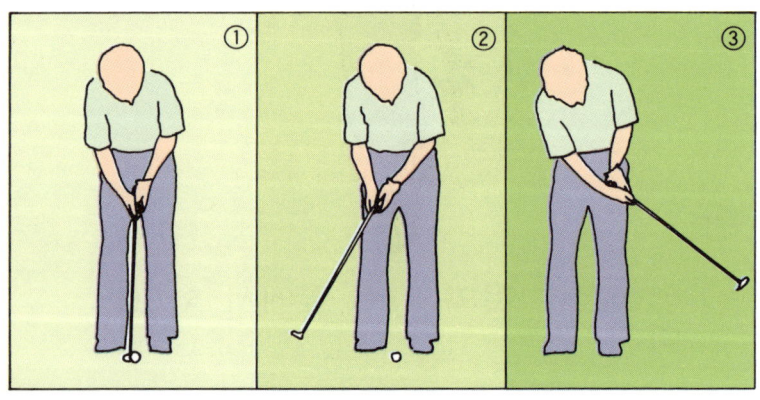

밀어내지 않고 왼손을 멈추어 쇼트 없이 쳐간다

60. 퍼터

쇼트 퍼트를 확실히
넣고 싶을 때

쇼트 퍼트가 서투른 사람의 공통된 특징은, 정확히 스트로크를 하고 있지 않다는 점이다. 이미 머리는 컵 속을 상상하면서 손끝으로 살짝 치듯이 하려고 서두른다. 이렇게 되면 타이밍도 흩뜨러지고 스트로크도 엉망이 된다. 대개 쇼트 퍼트를 쇼트, 즉 컵에 닿지 않는 한심스러운 결과로 끝난다.

연습 휘두르기일 때, 두 배의 거리를 타구할 요량으로 하면 좋은 결과를 얻는다.

여기에다 공이 페이스에 맞는 순간, 머리를 순간적으로 오른쪽으로 돌려봐 주기 바란다.

그 순간적인 머리 회전이 공에 앞으로 더 구를 수 있는 힘을 가져다 준다.

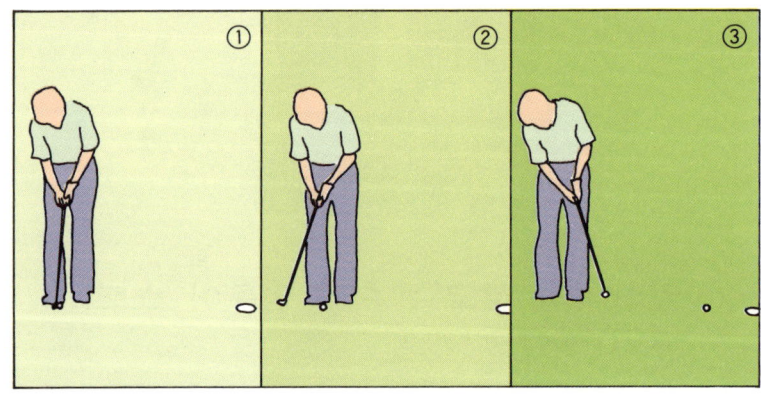

타구하는 순간 머리를 순간적으로 오른쪽으로 돌려라

61. 퍼터

내리막의 퍼트를 확실히 넣고 싶을 때

혼히들 내리막의 퍼트는 어렵다고 하지만, 과연 그런 것일까? 특히 프레셔가 걸렸을 때는 손이 움직이지 않게 되어 스트로크가 작게 끝나는 것만큼 편하다고 할 수 있다.

내리막에서 아무리 해도 지나친 타구를 하는 사람은 일부러 심을 빼고 퍼터의 끝으로 공을 치는 것을 익혀 주기 바란다.

스위트스폿에서 타구하는 것이 가장 이상적인데, 빠르게 흐르는 벤트 잔디의 내리막에서는 이것으로는 아무리 해도 오버해 버리고 만다. 이런 때는 왼발에 체중이 얹히게 하여 스트로크하는 것을 최대한 억제하면서, 스위트스폿을 피해서 타구한다. 심을 빼는 것을 익혔으면, 심으로 타구하는 중요함 역시 재인식할 수 있을 것이다.

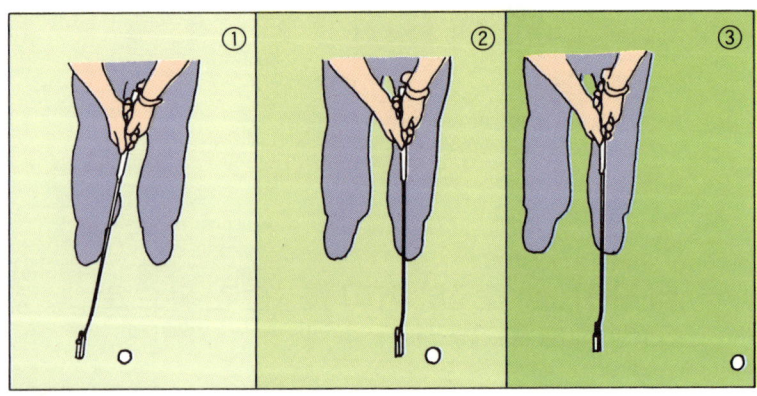

심(芯)을 빼고 퍼터 끝으로 쳐본다

62. 퍼터
스쿼시를 고치고 싶을 때

퍼트에서 스쿼시의 미스를 범해 절반도 가지 않거나, 이것은 꼭 넣어야 한다고 생각한 나머지 손이 굳어져 원활히 움직이지 않게 되어 미스 퍼트를 범할 때도 있겠지만 최고의 원인은 뒤에서부터 라인을 들여다보려고 하기 때문이다. 어드레스에서 그런 몸의 자세가 되면, 자연히 오른쪽 어깨가 처져, 어퍼로 공을 치는 것이 된다. 이렇게 되면, 헤드의 최하점이 공의 바로 앞이 되고, 잔디를 문질러 버리는 식이 된다. 프레셔가 걸려 손이 움직이지 않으면 더욱 그렇다.

턱을 죄고, 바로 위에서부터 공을 내려다보기 바란다.

이것은 퍼트의 기본이라고 할 수 있으며, 이것만으로 양 어깨가 수평이 되고, 최하점에서 임팩트를 맞출 수 있다.

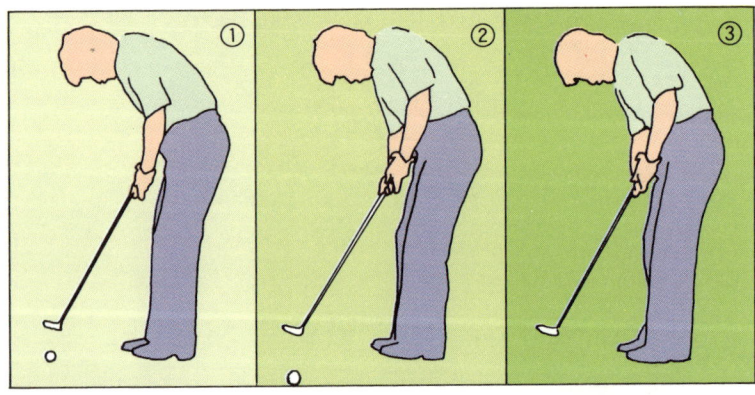

턱을 죄고 공 위로부터 라인을 읽는다

63. 퍼터 (연습 그린)

방향성을 체크하고 싶을 때

정식 경기 전의 연습 그린, 특히 첫 코스에서는 반드시 30분간 정도는 굴리는 연습을 하기 바란다. 정식 경기에서의 그린의 상태에 대한 정보는 여기밖에 없는 것이기 때문에 그린의 속도에 맞춘 자신의 어드레스 체크는 꼭 해두지 않으면 안 된다.

권하고 싶은 방법은, 두 손을 뗀 그립에서 두 발을 가지런히 하고, 연달아 10번 정도의 타구를 쳐보는 것이다.

두 발은 떼는 것보다 가지런히 한 쪽이 어느 방향을 향하고 있는지 당장에 체크하기 쉽고, 두 그립은 떼는 쪽이 공의 구르는 방향이 손에 남기 쉽다. 긴 거리에서 할수록 어드레스와 공이 구르는 방향의 차이를 알 수 있기 때문에, 우선 롱 퍼트에서 해주기 바란다.

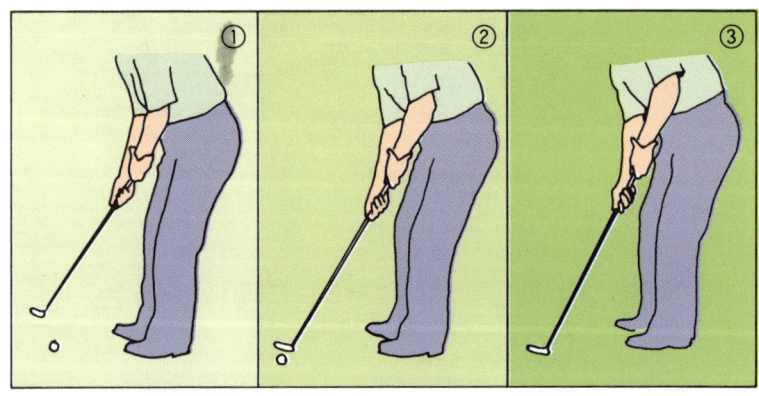

공 한 개를 컵의 바로 앞에서 멈추어 보자

64. 퍼터 (연습 그린)

거리감을 맞추고 싶을 때

아침의 연습 그린에서, 퍼트의 거리감을 파악하려고 할 때, 넣는 일에만 열중하는 사람이 있는데, 이것으로는 연습이 되지 않는다. 들어가기만 한다면, 잔디의 속도를 알 수 없기 때문이다.

5~6미터의 거리에서, 우선 컵을 공 한 개만큼 빗나가게 하는 연습을 해주기 바란다.

그렇게 해서 어느 정도 타구하면 쇼트인지 오버인지의 미묘한 데까지 알 수 있게 된다. 스피드가 떨어질 때에 어느 정도의 비탈에서 얼마 정도 굽어지는지 당장에 이해할 수 있게 된다.

그리고, 1~2미터의 거리에서는 컵의 공 한 개만큼 바로 앞에서 멈추는 연습을 한다.

이렇게 하면 느긋한 타이밍의 테이크 백을 자연히 파악할 수 있을 것이다.

좌우의 손을 떼어서 쥐고, 길게 타구한다

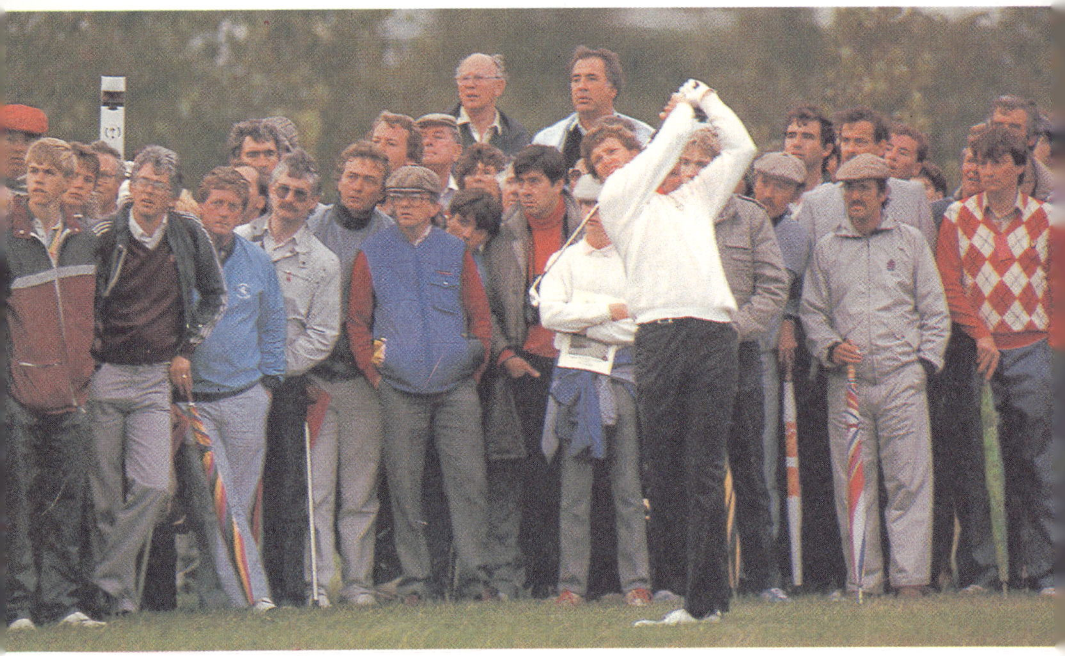

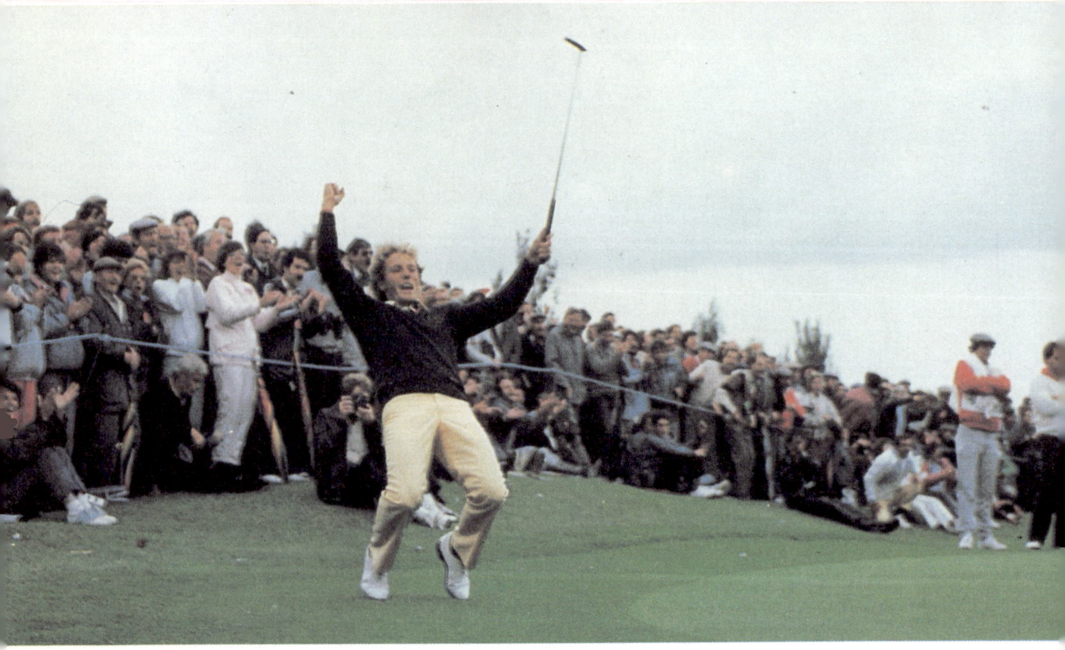

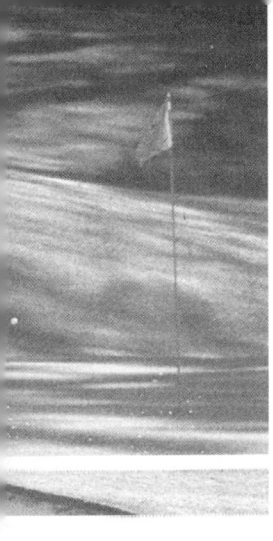

플레이 규칙
PLAY RULES

게임(The Game)

1 게임(Game)

① 통칙 골프의 게임은 본규칙에 따라 볼을 티잉 그라운드에서 홀에 넣을 때까지 1스트로크 또는 연속적인 스트로크로써 플레이하는 것으로 이루어진다.

② 볼에 미치는 영향 규칙에 의한 경우를 제외하고 플레이어와 캐디는 볼의 위치 또는 그의 움직임에 영향을 주는 어떠한 행동도 해서는 안 된다.

본 항의 반칙은 매치 플레이는 그 홀의 패. 스트로크 플레이는 2타 부가.

• 본 1-②항의 중대한 반칙인 경우 위원회는 실격의 벌을 부가할 수 있다.

③ 합의의 반칙 플레이어들은 규칙의 적용을 배제하거나 부가된 벌을 삭제할 것을 합의해서는 안 된다.

본 항의 반칙은 매치 플레이는 양 사이드 모두 실격. 스트로크 플레이는 관계 경기자의 실격.

④ 규칙에 없는 사항 경기에 관한 쟁점이 규칙에 없는 사항은 형평의 이념에 따라 제정하여야 한다.

2 매치 플레이(Match Play)

① 홀의 승자와 승(勝) 홀 계산법 매치 플레이는 각 홀마다 승패를 결정한다. 본 규칙에 따로 정한 경우를 제외하고 적은 타수로 홀 아웃한 사이드가 그 홀의 승자가 된다. 핸디캡 매치 때에는 적은 네트 스코어인 사이드가 그 홀의 승자이다.

매치 플레이의 승(勝) 홀을 셈할 때, 몇 개 '홀 업(hole up)' 또는 '올 스퀘어(all square)' 및 몇 개 '투 플레이(to play)'라고 한다.

홀업한 승(勝) 홀 수와 나머지 플레이하여야 할 홀의 수가 동일한 때 그 사이드는 도미(dormie)이다.

② 동점의 홀 양 사이드가 같은 타수로 홀 아웃하면 그 홀은 동점이다.

플레이어가 홀 아웃을 끝내고 상대가 그 홀을 동점으로 하는 데 1스트로크가 남은 때에는 그 플레이어가 그 후에 반칙을 한 경우에도 그 홀은 동점이다.

③ 매치의 승자 매치에서는 플레이를 끝내지 않은 홀의 수보다 많은 홀을 이긴 사이드가 승자이다.

④ 홀 혹은 매치에서의 다음 스트로크의 면제 규칙 16-②항(홀에 떨어지려는 볼)에 의하여 상대볼이 정지했거나 정지한 것으로 보일 때 플레이어는 상대방이 다음 스트로크로 홀 아웃한 것으로 인정할 수 있으며, 그 볼은 어느 사이드에 의해서나 클럽 또는 다른 방법으로 제거할 수 있다. 플레이어는 한 홀이나 그 매치의 종료 전에 어느 때라도 상대의 스트로크를 면제할 수 있다.

• 스트로크의 면제:홀이나 매치에서의 스트로크 면제는 거절되거나 철회될 수 없다.

⑤ 클레임(Claim) 매치 플레이에서 플레이어 간에 의문 또는 분쟁이 생기고 위원회의 정당한 권한을 가진 대표자가 합당한 시간내 현장에 도착하지 못하는 경우일지라도 그 플레이어들은 지체 없이 매치를 계속하지 않으면 안 된다.

어떠한 클레임이라도 만약 그것이 위원회에 의하여 재정이 있어야 하는 경우, 그 매치의 어느 플레이어도 다음 티잉 그라운드에서 플레이하기 전에, 그 매치의 마지막 홀이라면 플레이어 전원이 퍼팅 그린을 떠나기 전에 각각 클레임을 제출해야 한다.

단, 플레이어가 사전에 몰랐던 사실에 입각한 클레임이거나, 또는 상대방에 의한 오보(誤報)인 경우를 제외하고 앞에서 언급한 시한 후에 제기된 클레임은 무효이다. 어떠한 경우에도 상대방이 고의로 오보(誤報)를 하였다는 것을 위원회가 인정한 경우 이외에는 매치의 결과가 공식으로 발표된 후의 클레임은 무효이다.

⑥ 일반의 벌 매치 플레이에서, 따로 정한 경우를 제외하고 반칙의 벌은 그 홀의 패(敗).

3 스트로크 플레이(Stroke Play)

① 우승자 정규의 라운드 또는 그 이상의 소정 라운드를 최소 타수로 플레이한 경기자가 우승자이다.

② 홀 아웃의 불이행 경기자가 어떤 홀에서 홀 아웃을 이행하지 않고 다음 티잉 그라운드에서 스트로크하기 전, 또는 마지막 홀에서는 퍼팅 그린을 떠나기 전에 그 과오를 정정하지 않으면 경기에 실격된다.

③ 의문스러울 때의 처리방법

a. 처리:스트로크 플레이에 한해서 경기자가 한 홀의 플레이중에 자기 권리 또는 볼의 처리에 대하여 의문이 있을 때에는 벌 없이 제2의 볼을 플레이할 수가 있다.

경기자는 의문이 생겼을 때 다음 행동을 취하기 전에, 이 규칙에 의한다는 그의 결심과 규칙이 허용하면 스코어로 채택할 볼을 미리 마커 또는 동반경기자에게 선언해야 한다.

경기자는 양구(兩球)의 스코어가 같은 경우를 제외하고 스코어 카드를 제출하기 전에 그 사실을 위원회에 보고해야 된다. 이것을 이행하지 않으면 경기에 실격된다.

b. 그 홀의 스코어:경기자가 선택한 처리가 규칙에 적합한 것이라면 선택한 볼의 스코어가 그 홀의 스코어가 된다. 만일 경기자가 취한 처리와 볼의 선택을 사전에 마커에게 통고를 하지 않고 그 원구(原球)에 대한 처리가 규칙에 적합한 경우, 첫 볼 쪽의 스코어를 채택하지 않으면 안 된다. 단, 첫 볼이 플레이된 두 볼의 하나가 아닐 때에는 첫 볼을 대신하여 최초로 인 플레이된 볼의 스코어를 채택해야 된다.

④ 규칙 준수의 거부 경기자가 다른 경기자의 권리에 영향을 주는 규칙 준수를 거부할 때 실격이 된다.

⑤ 일반의 벌 스트로크 플레이에서는 따로 정할 때를 제외하고 반칙의 벌은 2타.

클럽과 볼

4 클럽(Club)

① 클럽의 형식과 구조

a. 통칙:클럽은 샤프트와 헤드로서 구성되고 모든 부분은 클럽이 단일의 구조가 되도록 고정되어 있어야 한다. 클럽은 무게의 가감 이외에 다른 것은 조절할 수 있도록 디자인되어서는 안 된다. 또 클럽은 본질적으로 전통적 관습적인 형식과 구조에서 벗어난 상이한 것이어서는 안 된다.

b. 샤프트:샤프트는 곧바르고, 어느 방향에도 동일하게 굽어지며 꼬이는 속성을 가진 것이어야 한다. 그리고 클럽 헤드의 힐에 직접 또는 특히 세공을 가하지 않은 넥 또는 소켓에 부착하여야 한다. 퍼터의 샤프트는 헤드의 어느 부분에라도 부착할 수 있다.

c. 그립:그립은 플레이어가 클럽을 확실하게 잡을 수 있도록 별개의 재료를 사용하여 디자인한 샤프트의 일부이다. 그립은 본질적으로 곧고, 특히 단순한 형식의 것으로써 어느 부분에도 손가락이나 손바닥의 형이 부착되어서는 안 된다.

d. 클럽 헤드:클럽 헤드의 힐에서 토우까지의 길이는 타면에서 후부까지의 폭보다 길어야 한다. 클럽 헤드는 통상 그 형이 단순한 것이어야 한다. 클럽 헤드의 볼을 치기 위해 디자인된 타면은 1면뿐이어야 한다. 그러나 퍼터는 양면의 성능이 동일하고 서로 대칭이며 양 로프트가 똑같이 10도를 초과하지 않는 것은 2면이어도 무방하다.

e. 클럽의 타면:클럽의 타면은 가운데가 오목해서는 안 된다. 볼에 닿을 때는 단단하고 견고해야 한다. 퍼터 이외의 클럽 헤드와 타면의 기본 구조 자재가 금속인 경우 이물질을 끼어 두거나 부착하는 것은 허용되지 않는다.

f. 마멸:신품일 때 본 항에 적합하던 클럽이 그 후 통상 사용으로 마멸된 것은 적합한 것으로 인정한다. 고의로 개조한 모든 부분은 새 것으로 간주되며 그 개조된 상태도 규칙에 적합하여야 한다.

g. 손상:클럽이 통상 플레이 과정에서 손상되어 4-①항에 부적합하게 되었을 경우 플레이어는 다음 조치를 취할 수 있다. (1) 손상을 입은 정규의 라운드의 잔여 부분에 한하여 손상된 상태대로 사용할 수 있다. (2) 플레이어가 부당한 지연 없이 그 클럽을 수리한다. 통상 플레이 과정 이외의 손상으로 부적합하게 된 클럽은 그 후 라운드중에 사용해서는 안 된다.

② 성능의 변경 정규 라운드중 클럽의 성능은 고의로 변경되어서는 안 된다. 만일 클럽의 성능이 일반 라운드중에 발생한 손상으로 변경되었다면 플레이어는 다음 조치를 취하여야 한다.

(1) 변경된 상태 그대로 클럽을 사용한다.

(2) 부당히 플레이를 지연시킴이 없이 그 클럽을 수리한다.

만일 일반 플레이 과정 이외에서 손상되어 클럽의 성능이 변경되었다면 그 후 라운드중 그 클럽을 사용해서는 안 된다. 라운드 전에 발생한 클럽의 손상은 그 성능을 변경시키거나 플레이를 부당히 지연시키지 않는 한 그 라운드중에 수리할 수 있다.

③ 이물질의 부착 금지 볼의 움직임에 영향을 줄 목적으로 이물질을 클럽 타면에 부착해서는 안 된다.

4-①, ②, ③항의 반칙은 경기 실격.

④ 클럽은 14개가 한도

a. 클럽의 선정과 교체:플레이어는 14개 이내의 클럽을 가지고 정규 라운드를 스다트하여야 한다. 플레이어의 사용 클럽은 그 라운드 스타트 시에 선정한 것에 한정하나, 단 플레이를 부당하게 지연시키지 않는 한 다음의 경우는 허용된다.

(1) 14개 미만으로 스타트한 때에는 합계 14개까지 보충할 수 있다.
(2) 라운드중 정상적인 플레이에서 손상되어 플레이에 부적합하게 된 클럽은 어떤 클럽과도 바꿀 수 있다.

b. 클럽의 차용 및 공용:클럽의 보충 혹은 교체를 위하여 어느 누구에게서나 차용할 수 있다. 그러나 차용자만이 그 클럽을 잔여 라운드 동안 사용할 수 있다. 클럽의 공용은 파트너끼리 공용하는 경우를 제외하고 금지된다. 그리고 공용하는 파트너끼리 휴대하는 클럽의 총수도 14개 이내이어야 한다.

본 항 a 또는 b의 반칙은 휴대한 초과 클럽의 개수에 불구하고, 매치 플레이 때는 반칙이 발견된 홀의 완료 시점에 임하여 반칙이 발생한 각 홀에 1홀의 패를 부가하고 매치의 상태를 조정하여야 한다. 단, 패로 하는 홀 수는 1라운드마다 최고 2홀을 한도로 한다. 스트로크 플레이 때는 반칙을 한 홀마다 2타 부가하되 1라운드마다 최고 4타 부가를 한도로 한다. 보기 및 파 경기 시는 벌이 매치 플레이와 동일하다.

c. 초과 클럽의 불사용 선언:규칙에 위반하여 휴대 또는 사용한 모든 클럽은 플레이어가 반칙을 발견한 때 즉시 불사용 선언을 하여야 한다. 그 후 플레이어는 그 라운드중에 사용해서는 안 된다. 위반 때는 경기 실격.

5 볼(Ball)

① 통칙 플레이어가 사용하는 볼은 최대 중량, 최소 사이즈, 구체(球體)의 대칭성, 초속 및 종합 거리 규격에 적합한 것이라야 한다.

② 이물질의 부착 금지 볼의 플레이상 성능을 변경할 목적으로 이물질을 볼에 부착시켜서는 안 된다.

5-①, ②항의 반칙은 경기 실격.

③ 플레이에 부적합한 볼 볼이 찢어졌거나 깨졌거나 변형되었음이 분명할 때 그 볼은 플레이에 부적합한 볼이다. 단순히 흙 또는 기타 물건이 부착되었거나 표면의 페인트가 벗겨졌거나 색깔이 변한 것만으로는 플레이에 부적합한 볼이라고 볼 수 없다.

플레이어는 플레이중 볼이 플레이에 적합하지 않다고 생각할 때에는 볼이 플레이에 적합한지 아닌지를 확인하기 위하여 벌 없이 자기 볼을 집어 올릴 수 있다. 단, 매치 플레이 때는 상대방에게, 스트로크 플레이 때는 마커 또는 동반경기자에게 사전에 자기 의사를 통고하고 상대방, 마커 또는 동반경기자에게 그 볼을 조사할 기회를 부여하지 않으면 안 된다. 만일, 플레이어가 사전에 자기 의사를 통고하지 않거나 상대방, 마커 또는 동반경기자에게 그 볼을 조사할 기회를 부여하지 않고 볼을 집어 올린 경우에 플레이어는 1타의 벌이 부가된다.

그 볼이 플레이를 하고 있는 홀의 플레이중에 플레이에 부적합하다고 확인된 경우는 플레이어는 원래의 볼이 있던 지점에 다른 볼로 플레이스할 수 있다. 그러나 사용 부적합이 인정되지 않을 때는 원래의 볼을 리플레이스하여야 한다.

스트로크의 결과 볼이 두 개 이상으로 분리된 경우 그 스트로크는 벌 없이 다시 플레이하여야 한다.

본 항의 반칙은 매치 플레이는 그 홀의 패. 스트로크 플레이는 2타 부가.

만일 플레이어가 5-③항의 반칙에 대하여 일반의 벌이 부가되었을 경우에는 규칙에 의한 벌은 추가되어 적용받지 않는다.

- 플레이에 적합한가 아닌가를 확인하기 위하여 그 볼을 닦으면 안 된다.
- 상대방, 마커 또는 동반경기자가 볼의 부적합성에 관한 클레임을 주장하고자 할 경우에는 플레이어가 다른 볼을 플레이하기 전에 하여야 한다.

플레이어의 책임

6 플레이어(Player)

'마커'란 스트로크 플레이 때 경기자의 스코어를 기록하도록 위원회가 임명한 사람이며 동반경기자가 마커로 될 수 있다. 마커는 심판원이 아니다.

① 경기 조건

a. 매치 플레이:핸디캡이 있는 경기에서 경기 출발 전에 플레이어들은 서로 상대방에게 각자의 핸디캡을 확인시켜야 한다. 만일 플레이어가 주고 받는 스트로크 수에 영향을 끼치는 더 높은 핸디캡을 통고하고 경기를 시작한 경우 그 플레이어는 경기 실격이 된다. 기타의 경우에는 플레이어는 기입된 핸디캡 그대로 플레이하여야 한다.

b. 스트로크 플레이:핸디캡이 있는 모든 경기에서 경기자는 위원회에 스코어 카드를 제출하기 전에 자기 핸디캡이 자기 스코어 카드에 제대로 기입되었는지를 확인하여야 한다. 자기의 스코어 카드에 핸디캡이 기입되어 있지 않거나 또는 기입된 핸디캡이 경기 조건에서 인정된 것보다 더 높아 그 때문에 받을 스트로크 수에 영향을 주었을 경우, 그는 그 핸디캡 경기에서 실격이 된다. 그렇지 않고 낮게 기입된 경우는 그 스코어는 그대로 채택된다.

- 핸디캡 스트로크를 주거나 받는 홀을 사전에 파악하는 것은 플레이어의 책임이다.

③ 스타트 시간과 조
a. 스타트 시간:플레이어는 위원회에서 정한 시간에 스타트하여야 한다.
b. 조:스트로크 플레이에서 경기자는 위원회가 변경을 승인 또는 추인하지 않는 한 위원회가 정한 조대로 라운드를 하여야 한다.

본 항의 반칙은 경기 실격.

- 위원회는 33-⑦항에 규정된 실격의 벌을 배제할 정황이 없더라도, 경기 조건 속에 플레이어가 스타트 시간에 늦었지만 그의 스타트 시간으로부터 5분 이내에 플레이의 준비를 마치고 스타트 지점에 도착하면 지각의 벌을 실격 대신에 매치 플레이에서는 제1홀의 패, 스트로크 플레이에서는 2타 벌로 규정할 수 있다.

④ 캐디(Caddie) 플레이어는 캐디를 한 사람만 동반할 수 있다. 그 이상은 실격이다. 캐디가 규칙을 위반하면 그 플레이어에게 벌을 과한다.

⑤ 볼(Ball) 정당한 볼을 플레이할 책임은 플레이어 자신에게 있다. 각 플레이어는 자기 볼을 식별할 수 있는 표지를 해 두어야 한다.

⑥ 스트로크 플레이의 스코어
a. 스코어의 기록:마커는 각 홀의 종료 후 그 경기자와 스코어를 확인하고 기입하여야 한다. 경기의 라운드가 끝나면 마커는 그 카드에 서명하고 경기자에게 건네 주어야 한다. 만일 2인 이상의 마커가 스코어를 기록한 경우는 각자가 담당한 부분에 대하여 서명하여야 한다.
b. 스코어의 서명과 제출:경기자는 자기의 각 홀의 타수를 확인해야 하고 의문이 있으면 위원회에 질문하여 확정지어야 한다. 경기자는 마커의 서명을 확인한 다음 자기도 서명하여 되도록 빨리 위원회에 제출하여야 한다.

본 항 b의 반칙은 경기 실격.

c. 스코어 카드의 변경:경기자가 카드를 위원회에 제출한 후에는 그 기입 내용은 변경되지 못한다.
d. 스코어의 오기:경기자는 각 홀별로 기입된 스코어의 정확성에 대하여 책임을 진다. 만일 한 홀의 실제의 타수보다 적은 스코어를 제출한 경기자는 경기에 실격되고, 실제의 타수보다 많은 스코어는 그대로 채택된다.

- 위원회는 스코어의 합계와 카드상에 기록된 핸디캡의 적용에 대하여 책임을 진다.

⑦ 부당한 지연 플레이어는 항상 부당한 지연 없이 플레이하여야 한다. 한 홀의 경기를 끝내고 다음 티잉 그라운드에서 플레이하는 동안에도 플레이어는 부당한 지연을 해서는 안 된다.

본 항의 반칙은 매치 플레이는 그 홀의 패. 스트로크 플레이는 2타 부가. 반복된 반칙에는 경기 실격.
  홀과 홀사이의 부당한 지연 플레이는 다음 홀에서의 플레이의 지연이 되므로 벌이 다음 홀에 적용된다.
  ⑧ 플레이의 중단
a. 중단이 인정되는 경우:플레이어는 다음의 경우 이외에는 플레이를 중단하지 못한다.
   (1) 위원회가 플레이를 일시 중지한다고 결정하였을 때
   (2) 플레이어가 낙뢰의 위험이 있다고 확신하였을 때
   (3) 플레이어가 의문 또는 분쟁의 문제에 대해 위원회의 재정을 구하고 있을 때
   (4) 기타 급병과 같은 정당한 이유가 있을 때
   악천후는 그 자체가 플레이 중단의 정당한 이유가 못 된다.
   위원회의 특별한 허가를 받지 아니하고 플레이를 중단한 경우에는 플레이어는 되도록 빨리 위원회에 보고하여야 한다. 그러한 경우 위원회가 그 이유를 정당하다고 인정하면 벌이 과해지지 않는다. 정당하다고 인정되지 않으면 경기 실격이 된다.
   • 매치 플레이에서의 예외:플레이어들의 합의로 매치 플레이를 중단하는 것은 그것으로 인하여 경기 지연이 되지 않는 한 실격의 조건은 아니다.
   • 코스를 떠나는 것 그 자체만으로서는 플레이의 중단을 한 것이 아니다.
b. 위원회 결정에 의한 일시 중지 시의 처리:위원회의 결정에 의하여 플레이가 일시 중지되었을 경우, 그리고 매치의 당사자 또는 한 조의 플레이어 전원이 홀과 홀 사이에 있을 경우 플레이어들은 위원회로부터 플레이 속개의 지시가 나올 때까지 플레이를 속개해서는 안 된다.
  한 홀의 플레이 도중인 경우 지체 없이 플레이를 계속할 수 있으면 그대로 플레이를 속행할 수 있다. 그러나 플레이 속행을 선택했을 경우 각 플레이어들은 그 홀 종료 즉시 플레이를 중단해야만 한다. 또 그 홀을 미결로 하고 도중에 중지해도 상관없다. 플레이 중지 후는 위원회로부터 플레이 속개의 지시가 내릴 때까지 플레이를 속개해서는 안 된다.
  본 항 b의 반칙은 경기 실격.
c. 플레이 중지의 경우 볼 집어 올리기:한 홀의 플레이중 본 항 a에 의하여 플레이를 중지하였을 경우 플레이어는 자기 볼을 집어 올릴 수 있다. 집어 올린 볼을 닦을 수 있다. 만일 볼을 집어 올렸을 경우 플레이어는 플레이를 재개할 때 원구(原球)가 있던 지점에 볼을 플레이스하여야 한다.
  본 항 c의 반칙은, 매치 플레이는 그 홀의 패. 스트로크 플레이는 2타 부가.

7 연습
  ① 라운드 전 또는 라운드 사이의 연습
a. 매치 플레이:플레이어는 매치 플레이 경기가 있는 어느 날이라도 라운드 전에 그

경기가 있는 코스에서 연습할 수 있다.
b. 스트로크 플레이:경기자는 스트로크 플레이 경기 또는 플레이 오프가 있는 어느 날도 라운드 또는 플레이 오프 전에 그 경기가 열리는 코스에서 연습하거나 퍼팅 그린 면을 테스트하여서는 안 된다. 경기가 연일 2라운드 이상의 스트로크 경기로 열릴 때는 이들의 라운드 사이에 남은 경기가 있을 어느 코스에서의 연습도 금지된다.
- 예외:라운드 또는 플레이 오프의 스타트 전에 최초의 티잉 그라운드 위나 근처에서의 퍼팅과 치핑 연습은 허용된다.

본 항 b의 반칙은 경기 실격.

② 라운드중의 연습 플레이어는 한 홀의 플레이 도중은 물론 홀과 홀 사이에서 연습 스트로크를 해서는 안 된다. 그러나 홀과 홀 사이, 방금 끝낸 퍼팅 그린, 모든 연습 그린 위나 그 근처, 다음 홀의 티잉 그라운드 위나 그 근처에서 퍼팅 또는 치핑 연습은 허용된다. 다만 해저드로부터의 연습 스트로크나 또는 부당한 경기의 지연이 되어서는 안 된다.
- 예외:위원회가 플레이를 일시 중지한 때 플레이어는 플레이 속개 전에 (1) 본 규칙에 규정하는 바와 같이 (2) 경기가 있는 코스 이외의 장소에서 또는 (3) 별도로 위원회가 허용한 경우에는 연습을 할 수 있다.

본 항의 반칙은 매치 플레이는 그 홀의 패. 스트로크 플레이는 2타 부가.
홀과 홀 사이에서의 반칙의 벌은 다음 홀에서 적용한다.
- 연습 스윙은 연습 스트로크가 아니므로 규칙에 위반하지 않는 한 어디에서나 할 수 있다.
- 위원회는 홀 아웃을 방금 끝낸 퍼팅 그린 위 또는 그 근처에서의 연습을 금지할 수도 있다.

8 어드바이스;플레이 선의 지시

'어드바이스'란 플레이어가 플레이의 결단, 클럽의 선택 또는 스트로크의 방법에 영향을 주는 조언이나 시사를 말한다. 규칙이나 공지 사항, 예를 들면 해저드, 퍼팅 그린 상의 깃대의 위치와 같은 것을 알리는 것은 어드바이스가 아니다.

① 어드바이스(Advice) 플레이어는 그의 파트너를 제외한 경기에 참가한 어느 누구에게도 어드바이스를 주어서는 안 된다. 플레이어가 어드바이스를 구할 수 있는 것은 자기의 캐디 및 파트너 그리고 그의 캐디뿐이다.

② 플레이 선의 시시
a. 퍼팅 그린 위 이외:볼이 퍼팅 그린 위에 있는 경우를 제외하고 플레이어는 누구로부터도 플레이의 선에 대하여 지시를 받을 수 있다. 그러나 스트로크중에는 그 선 상 또는 그 선 가까이에 사람을 세워 두지 못한다.

한 홀에서 플레이중 플레이어가 또는 플레이어의 승인하에 놓아 둔 선을 표시하는 마크는 스트로크 전에 제거하지 않으면 안 된다.

• 예외:사람이 붙어 서 있거나 붙들고 있는 깃대.
b. 퍼팅 그린 위:볼이 퍼팅 그린 위에 있을 때는 플레이어의 캐디, 파트너 또는 그의 캐디는 스트로크 전에 한하여 퍼팅 선을 시사할 수 있으나 그때 퍼팅 그린 면에 접촉해서는 안 된다.
본 항의 반칙은, 매치 플레이는 그 홀의 패. 스트로크 플레이는 2타 부가.

9 타수의 보고

① 통칙 플레이어의 타수는 벌타를 가한 것이어야 한다.
② 매치 플레이(Match Play) 플레이어는 벌이 부가되었을 때에는 가급적 빨리 상대방에게 통고하지 않으면 안 된다. 만일 이것을 게을리했을 때는 비록 그가 벌이 부가된 것을 몰랐다고 하더라도 오보(誤報)를 제공한 것으로 간주된다.
상대방은 한 홀에서의 플레이중 플레이어의 타수를, 또 한 홀의 플레이가 끝난 후 그 홀에서의 타수를 확인할 권리가 있다.
만일 한 홀에서의 플레이중 플레이어가 스트로크 수에 관하여 오보를 하였거나 또는 했다고 간주되었을 경우일지라도 상대방이 다음 스트로크를 하기 전에 그 잘못을 시정하면 벌은 부가되지 않는다. 또, 한 홀에서의 플레이가 끝난 후 플레이어가 스트로크 수를 오보하였거나, 또한 했다고 간주되었을 때에도 다음 티잉 그라운드에서 아무도 플레이하기 전, 또는 매치의 최종 홀에서는 전 플레이어가 그 퍼팅 그린을 떠나기 전에 그 잘못을 시정하면 벌은 없다. 이것을 이행하지 않으면 그 홀은 패가 된다.
③ 스트로크 플레이(Stroke Play) 경기자는 벌이 발생하였을 때에는 되도록 빨리 자기의 마커에게 통고하여야 한다.
볼의 일부가 퍼팅 그린에 접촉하고 있으면 퍼팅 그린 위의 볼이다.
볼이 홀의 원통 안에 정지했을 때, 그리고 볼의 전부가 홀의 가보다도 아래에 있을 때 그 볼은 홀에 들어간 볼이 된다.

플레이의 순서

10 플레이의 순서

① 매치 플레이(Match Play)
a. 티잉 그라운드:한 사이드가 티잉 그라운드에서 먼저 플레이할 수 있는 권리를 부여받은 것을 '오너'를 받았다고 한다. 최초의 티잉 그라운드에서 오너를 하는 사이드는 조편성표의 순서에 의하여 결정되어야 한다. 조편성표가 없을 때에는 오너는 제비뽑기로 정하여야 한다.
한 홀에서 이긴 사이드는 다음 티잉 그라운드에서 오너를 하고, 한 홀에서 동점인 때에는 전 티잉 그라운드의 오너가 그대로 계속하여야 한다.

b. 티잉 그라운드 이외:볼이 인 플레이일 때 홀에서 먼 곳의 볼이 먼저 플레이되어야 한다. 2개 이상의 볼이 그 홀로부터 등거리(等距離)에 있을 경우 먼저 플레이할 볼은 제비뽑기로 정하여야 한다.
- 예외:베스트볼과 포오볼의 매치 플레이.

c. 순서를 잘못한 플레이:상대방이 플레이할 경우인데 플레이어가 먼저 플레이하였을 때에는 상대방은 즉시 그 스트로크를 취소하게 하고 올바른 순서대로 벌 없이 다시 플레이할 것을 요구할 수 있다.

② 스트로크 플레이(Stroke Play)

a. 티잉 그라운드:한 홀에서 가장 최소의 스코어의 경기자가 다음 티잉 그라운드에서 오너를 하게 하여야 한다. 두번째로 적은 스코어의 경기자가 다음에 플레이하며, 이하 순서대로 플레이하여야 한다. 만일 한 홀에서 2인 이상이 같은 스코어인 경우 그 경기자들은 다음 티잉 그라운드에서 그 전 티잉 그라운드에서의 순서와 동일하게 플레이하여야 한다.

b. 티잉 그라운드 이외:매치 플레이와 같다.
- 예외:플레이의 방해 또는 원조가 되는 볼, 포오볼의 스트로크 플레이 순서.

c. 순서를 잘못한 플레이:경기자가 타순을 잘못했어도 벌은 없으며 그 볼은 멎은 그대로 플레이하여야 한다. 그러나 만일 경기자 중의 1인에게 편의를 제공하기 위해서 경기자들이 10-②항 a와 b에 규정하고 있는 이외의 순서로 플레이할 것을 동의한 것으로 위원회가 판단할 경우 전경기자들은 전원 실격이 된다.

③ 티잉 그라운드에서의 잠정구 또는 제2의 볼 플레이어가 티잉 그라운드에서 잠정구 또는 제2구를 플레이하는 경우에는 상대방 또는 동반경기자가 첫번째 스트로크를 한 다음에 하여야 한다. 만일 플레이어가 타순을 지키지 않고 잠정구 또는 제2구를 플레이한 경우에는 10-①항 c와 10-②항 c를 적용하여야 한다.

④ 측정중에 움직인 볼 이느 볼이 그 홀에서 민가를 결정하기 위하여 측정중에 볼이 움직여진 경우에는 벌 없이 그 볼은 리플레이스되어야 한다.

티잉 그라운드(Teeing Ground)

11 티잉 그라운드

'티잉 그라운드'란 플레이할 홀의 출발 장소를 말한다. 이것은 2개의 티마크의 외측을 경계로 하여 전면과 측변이 한정되며, 측면의 길이가 2클럽 길이인 직사각형의 구역이다. 볼 전체가 이 티잉 그라운드 구역 밖에 있을 때에는 티잉 그라운드의 밖에 있는 볼이다.

① 티잉(Teeing) 볼을 티잉할 때는 그 티잉 그라운드 위에 그냥 놓든가, 플레이어가 만든 성토(盛土), 티, 모래 또는 그 지면으로부터 볼을 높이 놓기 위하여 다른 물건 위에 볼을 놓을 수 있다. 플레이어는 티잉 그라운드 내에 있는 볼을 플레이할 때

구역 외에 설 수 있다.

② 티마커(Tee-Marker) 플레이어가 현재 플레이하는 홀의 티잉 그라운드에서 최초의 스트로크를 하기 전까지 티마커는 고정물이다. 그러한 경우 자기의 스탠스, 의도하는 스윙 구역 또는 플레이 선의 방해를 피할 목적으로 플레이어가 티마커를 움직이거나, 움직이게 한다면 플레이어는 13-②항의 반칙으로 벌타를 부가받는다.

③ 티에서 떨어진 볼 인 플레이가 되기 이전의 볼이 티에서 떨어지거나 플레이어가 어드레스중에 떨어뜨렸으면 벌 없이 다시 티잉을 할 수 있다. 만일 그러한 상태에서 볼에 스트로크가 행해졌다면 그 볼이 움직였든지 안 움직였든지 간에 불구하고 그 스트로크는 1타로 계산하며 벌은 없다.

④ 티잉 그라운드 구역 밖에서의 플레이
a. 매치 플레이:플레이어가 한 홀의 출발에 있어서 티잉 그라운드의 구역 밖에서 볼을 플레이한 때에는 상대방은 즉시 그 플레이어에게 그 스트로크를 취소하고 티잉 그라운드 구역 내에서 벌 없이 다시 플레이할 것을 요구할 수 있다.
b. 스트로크 플레이:경기자가 한 홀에서 출발할 때 티잉 그라운드 구역 밖에서 볼을 플레이하였을 경우에는 2타 부가하고, 그 티잉 그라운드 구역 내에서 다시 스트로크하지 않으면 안 된다. 만일 그 경기자가 다음 티잉 그라운드에서 스트로크하기 전에 첫 잘못을 시정하지 않거나, 또는 그라운드의 최종 홀에서는 퍼팅 그린을 떠나기 전에 그의 잘못을 시정할 의사를 선언하지 않으면 경기에 실격된다.

경기자가 티잉 그라운드 구역 밖에서 플레이한 스트로크 수는 그의 스코어에 가산하지 않는다.

볼 플레이

12 볼의 수색과 볼의 식별

'해저드'란 모든 벙커 또는 워터 해저드를 말한다.

'벙커'라 함은 대개의 경우 오목한 지역으로 풀과 흙이 제거되고 그 대신 모래 또는 모래와 같은 것을 넣어서 지면에 조성한 구역으로 된 해저드이다. 벙커 안이나 가장자리일지라도 풀로 덮인 부분은 벙커의 일부가 아니다. 벙커의 한계는 수직 아래쪽으로 연장될 뿐 위쪽으로는 아니다.

'워터 해저드'란 모든 바다, 호수, 못(池), 하천, 도랑, 배수구의 표면 또는 뚜껑이 없는 수로(물의 유무를 불문한다) 및 이와 유사한 수역을 말한다.

워터 해저드 구역 경계 내의 모든 지면 또는 수면은 그 워터 해저드의 일부분이다. 워터 해저드의 경계선은 수직으로 그 위 아래까지 연장 적용된다.

워터 해저드 구역의 경계를 표시하는 말뚝과 선은 해저드 내로 된다.

① 볼의 수색 코스 상의 자기 볼을 찾기 위하여 긴풀, 골풀, 관목, 또는 유사한 것들을 만지거나 구부릴 수 있지만 그것은 볼의 라이, 의도하는 스윙 구역과 플레이의

선을 개선함이 없이 볼의 소재와 자기 볼을 확인하는 한도 내여야 한다.

플레이어가 스트로크를 할 때 반드시 볼이 보이는 상태이어야 한다고 주장할 권리는 갖지 않는다.

해저드 내에서는 볼이 루스 임페디먼트 또는 모래에 덮여 있을 때 볼의 일부가 보일 한도까지만 제거할 수 있다. 이 경우 볼이 움직이면 벌 없이 리플레이스하여야 하고 필요하면 다시 덮어야 한다.

캐주얼 워터, 수리지 또는 구멍파는 동물, 파충류, 조류 등에 의하여 만들어진 구멍, 배출구, 통로 등에 정지된 볼이 수색중에 움직여져도 벌은 없고 25-①항 b에 익한 처리를 선택하지 않을 때는 그 볼은 리플레이스하여야 한다.

볼이 워터 해저드 내의 물속에 들어갔다고 믿어질 때는 클럽 이외의 물건으로 볼을 수색할 수 있다. 이로 인하여 볼이 움직여져도 벌은 없으며 26-①항에 따른 처리를 선택하지 않는 한 그 볼은 리플레이스하여야 한다.

본 항의 벌칙은 매치 플레이는 그 홀의 패. 스트로크 플레이는 2타 무가.

② 볼의 식별 정당한 볼을 플레이할 책임은 플레이어 자신에게 있다. 각 플레이어는 자기 볼을 식별할 수 있는 표지를 해 두어야 한다.

해저드 내를 제외하고 벌 없이 자기 볼이라고 믿어지는 볼을 식별하기 위하여 집어 올려 식별에 필요한 한도까지 볼을 닦을 수 있다. 그리고 그 볼이 자기의 볼이면 리플레이스하여야 한다.

플레이어는 집어 올리기 전에 자기 의사를 매치 플레이에서는 상대방, 스트로크 플레이에서는 마커, 또는 동반경기자에게 통고하고, 또한 상대방, 마커, 동반경기자에게 집어 올리는 것과 리플레이스하는 상황을 감시할 수 있는 기회를 주어야 한다. 만일 플레이어가 사전에 자기 의사를 상대방, 마커 또는 동반경기자에게 통고하지 않거나, 또는 감시할 수 있는 기회를 주지 않고 볼을 집어 올렸을 때, 혹은 해저드 내에서 식별을 위하여 자기 볼을 집어 올렸을 경우에는 1타의 벌은 부가되고 그 볼은 리플레이스하여야 한다.

볼의 리플레이스를 요구받은 플레이어가 리플레이스를 이행하지 않았을 때는 20-③항 a의 반칙의 벌이 과하여지지만 12-②항에 의한 벌은 가산 적용되지 않는다.

13 볼은 있는 그대로의 상태로 플레이;볼의 라이, 의도하는 스윙의 구역 및 플레이의 선;스탠스

① 볼은 있는 그대로의 상태로 플레이한다 볼은 규칙에서 정한 경우를 제외하고는 있는 그대로의 상태로 플레이하여야 한다.

② 볼의 라이, 의도하는 스윙의 구역 또는 플레이 선의 개선 규칙에서 정한 경우를 제외하고, 경기자는 다음의 것을 개선하거나, 개선시켜서는 안 된다.

(1) 자기 볼의 위치 또는 라이, (2) 의도하는 스윙 구역, (3) 자기의 플레이 선, (4)

자기의 볼을 드롭하거나 플레이스하고자 하는 지역

　즉, 위의 목적을 위한 다음과 같은 행위를 하여서는 안 된다.
- 생장물 또는 고정물(움직일 수 없는 장해물과 아웃 오브 바운드를 표시하는 물건 포함)을 움직이거나 구부리거나 꺾는 행위
- 모래, 흩어진 흙, 메꾸어진 디보트, 새로 깐 잔디, 기타 표면이 고르지 못한 곳 등을 제거하거나 누르는 행위

다만 다음과 같은 경우는 제외된다.
- 바른 스탠스를 취하는 과정에서 일어난 경우
- 스트로크를 할 때 또는 스트로크를 하기 위하여 클럽을 후방으로 움직일 경우
- 티잉 그라운드에서 지면을 고르게 할 경우
- 퍼팅 그린 위의 모래와 흩어진 흙을 16-①항 a의 규정에 따라 제거할 때
- 16-①항 c의 규정에 따라 손상된 곳을 수리할 경우

클럽은 지면에 가볍게 놓을 수 있으나 그것으로 지면을 눌러서는 안 된다.

③ 스탠스의 장소를 만드는 것 플레이어는 스탠스를 취할 때에 지면을 힘껏 밟을 수는 있으나 스탠스의 장소를 특별히 만들지는 못한다.

④ 볼이 해저드 내 또는 해저드에 접촉되어 정지하고 있을 경우 규칙에서 정한 경우를 제외하고 해저드 내에 정지하고 있거나 또는 해저드(벙커 또는 워터 해저드 어느 것이든)에 접촉되어 있는 볼에 대하여 스트로크하기 전에 다음의 이동을 해서는 안 된다.

　(1) 그 해저드 또는 다른 유사한 해저드의 상태를 테스트하는 것
　(2) 해저드 내의 지면, 워터 해저드 내의 물에 클럽을 접촉하는 것
　(3) 그 해저드 내에 있거나 또는 접촉되어 있는 루스 임페디먼트에 접촉하거나 움직이는 것

- 예외:(1) 어드레스할 때나 스트로크를 위한 후방에의 동작중에 클럽을 장해물, 풀, 관목, 수목, 기타 생장하고 있는 물건에 접촉하는 것은 허용된다. (2) 플레이어는 그 토질의 테스트 또는 볼의 라이의 개선이 되지 않는 한 해저드 내에 그의 클럽을 놓을 수 있다. (3) 플레이어가 스트로크를 한 후, 플레이어 또는 그의 캐디는 언제든지 플레이어의 승인 없이 그 해저드 내의 모래 또는 흙을 정지(整地)할 수 있다. 그러나 볼이 아직 해저드 내에 정지(停止)되어 있는 경우는 라이의 개선이 되거나 그 홀의 계속되는 플레이에서 플레이어를 원조하는 행위를 해서는 안 된다.

본 항의 반칙은 매치 플레이는 그 홀의 패. 스트로크 플레이는 2타 부가.

14 볼을 치는 방법

'스트로크'란 볼을 올바르게 쳐서 움직일 의사를 가지고 행하는 클럽의 전방향(前方向)으로의 동작을 말한다. 그러나 클럽 헤드가 볼에 도달하기 전에 플레이어

가 다운 스윙을 자발적으로 중지했을 경우 플레이어는 스트로크를 하지 않은 것으로 간주한다.

① 볼은 바르게 칠 것 볼은 클럽의 헤드로 바로 쳐야 하며, 밀어 내거나 끌어 당기거나 또는 떠 올려서는 안 된다.

② 원조 플레이어는 스트로크를 할 때 어떤 종류의 물리적인 원조 또는 풍우로부터의 방호를 받아서는 안 된다.

14-①항 또는 14-②항의 반칙은 매치 플레이는 그 홀의 패. 스트로크 플레이는 2타 부가.

③ 인공의 장치와 비정상 용구 규칙에서 정한 경우를 제외하고는 정규의 라운드 중에 다음의 인공 장치 및 비정상 용구를 사용하여서는 안 된다.
- 플레이에 영향을 줄 수 있는 거리와 상황을 판단 또는 측정하는 목적의 물건
- 스트로크 또는 플레이를 함에 있어 클럽을 그립할 때 원조가 될 수 있는 물건. 단, 평범한 장갑을 끼거나 송진, 테이프 또는 가제를 그립에 부착(4-①항 c에서 부적격이 되지 않는 한)하거나 타올 또는 손수건을 그립에 감는 것은 허용된다.

본 항의 반칙은 경기 실격.

④ 두 번 치기 만일 1스트로크중에 플레이어의 클럽이 2회 이상 볼을 맞았을 때 그 스트로크를 1타로 하고 벌 1타를 부가하여 합계 2타로 한다.

⑤ 움직이고 있는 볼을 플레이한 경우 플레이어는 다음의 예외적인 경우를 제외하고 볼이 움직이고 있는 동안에 플레이하여서는 안 된다.
- 예외:(1) 티에서 떨어지고 있는 볼, (2) 두번 치는 볼, (3) 물속에서 움직이고 있는 볼

스트로크를 시작한 때 또는 스트로크를 하기 위하여 클럽을 후방으로 움직인 때 움직이기 시작한 볼을 쳤을 때 본 항에 의한 벌은 없으나 다음의 규칙들에 의한 벌은 면할 수 없다.

(1) 정지하고 있는 볼을 플레이어가 움직인 경우
(2) 정지하고 있는 볼을 어드레스 후에 움직인 경우
(3) 정지하고 있던 볼이 루스 임페디먼트에 닿은 후에 움직인 경우

⑥ 물속에서 움직이는 볼 볼이 워터 해저드 내의 물속에서 움직이고 있을 때에는 플레이어는 벌 없이 스트로크를 할 수 있다. 그러나 바람 또는 물의 흐름에 의하여 볼의 위치를 개선시키기 위하여 스트로크를 지체하여서는 안 된다.

워터 해저드 내의 물속에서 움직이고 있는 볼은 플레이어가 26항 적용을 선택한 경우에는 집어 올릴 수 있다.

14-⑤, 14-⑥항의 반칙은 매치 플레이는 그 홀의 패. 스트로크 플레이는 2타 부가.

15 오구의 플레이

'오구(誤球)'라 함은 다음에 명시한 것 이외의 모든 볼을 말한다.

(1) 인 플레이 볼, (2) 잠정구(暫定球), (3) 스트로크 플레이에 있어서 3-③항 또는 20-⑦항 b에 의하여 플레이한 제2의 볼.

- 인 플레이의 볼 중에는 볼의 교체가 허용되지 않지만 적용되는 조항에 따라서 처리하는 경우 플레이어가 자기의 볼을 다른 볼과 교체하였을 때 교체된 그 다른 볼도 포함된다.

① 통칙 플레이어는 규칙에서 다른 볼과 교체하는 것이 허용되는 이외는 티잉 그라운드에서 플레이를 시작한 볼로 홀 아웃하여야 한다.

볼의 교체는 허용되지 않으나 적용될 수 있는 조항에 따라 처리하는 경우 플레이어가 다른 볼로 교체했을 경우 교체된 볼은 오구가 아니다. 즉 그 볼은 인 플레이의 볼이 되며 플레이어가 20-⑥항의 규정에 따라 그 잘못을 정정하지 않았을 때는 매치 플레이에서는 그 홀의 패, 스트로크 플레이에서는 2타가 부가된다.

② 매치 플레이(Match Play) 플레이어가 해저드 이외의 장소에서 오구로 스트로크한 경우 그 홀은 패한다. 해저드 내에서는 오구를 몇 번 치더라도 벌은 없다. 해저드 내에서 오구를 플레이한 타수는 스코어에 가산하지 않는다. 오구가 다른 플레이어의 소유일 경우 그 소유주는 최초로 오구의 플레이가 생긴 지점에 그 볼을 플레이스해야 한다. 만일 플레이어와 상대방이 한 홀의 플레이중에 볼을 교환하여 플레이한 경우 해저드 이외에서 먼저 플레이한 편이 그 홀의 패가 되고, 그 전후가 확정되지 않을 때는 그 홀은 볼을 교환한 그대로 끝마쳐야 한다.

③ 스트로크 플레이(Stroke Play) 해저드 내의 경우를 제외하고, 경기자가 오구로 한 스트로크 또는 여러 스트로크를 한 경우, 그 경기자는 2타의 벌을 부가한다. 경기자는 정구(正球)를 플레이함으로써 잘못을 정정해야 한다.

만일 경기자가 해저드 내에서 오구를 몇 번 치더라도 벌은 없다. 이 경우 오구를 친 타수는 스코어에 가산하지 않는다.

경기자가 다음 티잉 그라운드로부터 스트로크를 하기 전에 잘못을 정정하지 않거나 또는 그 라운드의 최종 홀에서의 경우 그 퍼팅 그린을 떠나기 전에 잘못을 시정할 의사를 선언하지 않으면 경기 실격이 된다.

경기자가 오구로 플레이한 타수는 그의 스코어에 계산되지 않는다. 오구가 다른 경기자의 볼이었을 경우, 그 볼의 소유자는 최초로 오구 플레이가 생긴 지점에 그 볼을 플레이스해야 한다.

퍼팅 그린(Putting Green)

16 퍼팅 그린(Putting Green)

'퍼팅 그린'이란 현재 플레이를 하고 있는 홀의 퍼팅을 위하여 특별히 정비한 전

구역 또는 위원회가 퍼팅 그린이라고 지정한 모든 구역을 말한다. 볼의 일부가 퍼팅 그린에 접촉하고 있으면 퍼팅 그린 위의 볼이다. 볼이 홀의 원통 내에 정지했을 때, 그리고 볼의 전부가 홀의 가장자리보다도 아래에 있을 때 그 볼은 홀에 들어간 볼이다.

① 통칙

a. 퍼팅 선에의 접촉:다음의 경우를 제외하고 퍼팅 선을 손대서는 안 된다.
  (1) 플레이어는 손 또는 클럽으로 모래, 흩어진 흙 또는 루스 임페디먼트를 집어 올리거나 옆으로 쓸어낼 수 있으나 이때 어떤 것도 눌리시는 안 된다.
  (2) 볼에 어드레스할 때 플레이어는 클럽을 볼 전방에 놓을 수 있으나 아무것도 누르지 않아야 한다.
  (3) 어떤 볼이 먼가를 측정할 때
  (4) 볼을 집어 올릴 때
  (5) 볼 마크를 눌러 꽂을 때
  (6) 이미 사용했던 홀을 메운 자국과 볼의 낙하 충격으로 인한 퍼팅 그린 위의 손상을 수리할 때
  (7) 움직일 수 있는 장해물을 제거할 때

b. 볼을 집어 올리는 것:퍼팅 그린 위의 볼은 집어 올릴 수 있고 닦을 수 있다. 집어 올린 볼은 원위치에 리플레이스하여야 한다.

c. 홀컵 자리와 볼 마크의 수리:홀컵을 메운 자국과 볼의 낙하의 충격으로 인한 퍼팅 그린 위의 손상은 플레이어의 볼이 그 퍼팅 그린 위에 있건 없건 간에 상관 없이 수리할 수 있다. 볼이 수리의 과정에서 움직여지면 벌 없이 리플레이스하여야 한다.

d. 그린 면의 테스트:한 홀의 플레이중에는 플레이어는 퍼팅 그린 위에서 볼을 굴리거나 그린의 면을 문지르거나 긁어서 그린 면을 테스트하지 못한다.

e. 퍼팅 선을 걸터서거나 밟고 서는 것:플레이어는 퍼팅 그린 위에서 퍼팅 선 또는 볼 후방 연장선을 걸터서거나 밟는 스탠스로 스트로크해서는 안 된다. 본 항에 한하여 퍼팅 선은 홀을 넘어서 연장되지 않는다.

f. 캐디 또는 파트너의 위치:플레이어는 스트로크할 때 자기의 캐디, 파트너 또는 그의 캐디를 퍼팅 선의 볼 후방 연장선상 또는 이에 접근된 위치에 세워서는 안 된다.

g. 다른 볼이 정지할 때까지의 플레이 금지:플레이어는 퍼팅 그린 위에서 스트로크한 다른 플레이어의 볼이 움직이고 있는 동안은 스트로크를 해서는 안 된다. 본 항의 반칙은 매치 플레이에서는 그 홀의 패. 스트로크 플레이에서는 2타 부가.

② 홀에 떨어지려는 볼 볼의 일부가 홀의 가장자리에서 떨어지려는 상태인 때 플레이어는 볼의 정지 여부를 확인하기 위하여 부당한 지연이 없이 홀까지 가기 위한 충분한 시간과, 이에 추가하여 볼의 정지 여부를 확인하기 위하여 다시 10초의 시간이 허용된다. 만일 그래도 볼이 떨어져 들어가지 아니한 때에는 정지한 볼로 간주한

다. 그래도 그 시한 후에 볼이 홀에 떨어졌을 때 플레이어는 최후의 스트로크로 홀 아웃한 것으로 간주하고 그 홀의 스코어에 벌 1타를 부가해야 한다. 이밖에 이 조항에 의한 벌은 없다.

17 깃대(Flagstick)

① 깃대에 붙어서기, 제거 또는 들어 올리기 플레이어는 스트로크 전이나 스트로크중 깃대에 사람을 붙어 서게 하거나 깃대를 제거시키거나 또는 홀의 위치를 표시하기 위하여 들어 올리게 할 수 있다. 이것은 스트로크를 하기 전의 플레이어의 권한에 의하여서만 할 수 있다. 만일 상대방, 동반경기자 또는 그들의 캐디가 깃대에 붙어 서 있거나 깃대를 제거하는 것을 알고도 제지하지 아니한 경우 플레이어가 그 사실을 승인한 것으로 간주한다.

스트로크를 하고 있는 동안에 다른 플레이어 또는 캐디가 깃대에 붙어 서 있거나 깃대를 제거하거나 또는 홀 가까이에 서 있으면 그 사람은 볼이 정지할 때까지 깃대에 붙어 서 있는 것으로 간주한다.

스트로크하기 전에 깃대에 사람이 붙어 서 있지 아니한 경우에는 볼이 움직이고 있는 동안에 깃대에 다가서거나 깃대를 제거하지 못한다.

② 무단히 깃대에 붙어서는 것
a. 매치 플레이:매치 플레이에서 상대방 또는 그의 캐디는, 플레이어가 스트로크를 하고 있는 동안 또는 플레이어의 볼이 움직이고 있는 동안 플레이어 모르게 또는 그 승인 없이 깃대에 붙어 서거나 깃대를 제거하지 못한다.
b. 스트로크 플레이:경기자가 스트로크를 하고 있든가, 그 볼이 움직이고 있는 동안에 동반경기자 또는 그의 캐디가 경기자의 승인이 없거나 모르고 있을 때, 깃대에 붙어 서거나 제거한 경우 동반경기자에게 이 규칙 위반의 벌이 과하여진다. 이 경우 경기자의 볼이 깃대 또는 붙어 서 있는 사람에 맞으면 경기자에게는 벌이 없고 그 볼은 정지한 위치에서 플레이되어야 한다. 단, 그 스트로크가 퍼팅 그린 위에서 플레이된 것은 그 스트로크는 다시 플레이되어야 한다.

17-①과 ②항의 반칙은 매치 플레이는 그 홀의 패. 스트로크 플레이는 2타 부가.
③ 볼이 깃대 또는 깃대에 붙어 서 있는 사람에 맞은 경우 플레이어는 다음의 것에 볼을 맞혀서는 안 된다.
a. 플레이어, 파트너, 그들의 캐디 또는 플레이어가 승인 또는 인지한 사람이 붙어 서 있거나 또는 제거한 때의 깃대
b. 깃대에 붙어 서 있는 플레이어의 캐디, 파트너와 그의 캐디 또는 깃대에 붙어 서 있는 그 이외의 사람으로 플레이어가 승인 또는 인지한 사람 및 위의 사람들이 그 때 휴대하고 있는 물건
c. 퍼팅 그린 위에서 볼이 플레이된 경우, 사람이 붙어 서 있지 아니한 홀에 꽂힌 깃대

본 항의 반칙은 매치 플레이는 그 홀의 패. 스트로크 플레이는 2타 부가하고 볼이 정지한 곳에서 플레이를 계속하여야 한다.

④ 깃대에 기대어 있는 볼 플레이어의 볼이 홀에 꽂힌 깃대에 기대어 정지한 때에 플레이어 또는 플레이어가 승인한 사람이 깃대를 움직이든가 빼낼 수 있다. 이때 볼이 홀에 들어가면 플레이어의 마지막 스트로크로써 홀 아웃한 것으로 하며, 볼이 움직여서 홀에 들어가지 않으면 벌 없이 볼을 홀의 가장자리에 플레이스하여야 한다.

볼이 움직였거나 방향이 변경, 정지된 경우

18 정지된 볼이 움직여진 경우

볼이 정지하고 있는 위치에서 다른 위치로 옮겨가서 정지한 때 그 볼은 '움직인 것'으로 한다.

'구이자'란 메치 플레이에시는 메치에 관셰없는 사람과 사물을 말하며, 스트로크 플레이에서는 경기자의 사이드에 속하지 않는 사람과 사물을 말한다. 심판원, 마커, 업저버 또는 포오캐디는 국외자이며, 바람과 물은 국외자가 아니다.

'휴대품'이란 플레이어가 사용, 차용 혹은 휴대하는 물건을 말하며, 플레이어가 플레이중의 볼, 혹은 볼의 위치나 볼을 드롭할 구역을 마크할 때 사용되는 주화나 티와 같은 작은 물건은 휴대품이 아니다. 휴대품 중에는 수동, 자동의 골프 카트도 포함된다.

플레이어가 스탠스를 취하고 클럽을 지상에 대었을 때 '어드레스'한 것으로 친다. 단, 해저드에서는 스탠스를 취한 때에 '어드레스'한 것이 된다.

플레이어가 스트로크를 하기 위하여 발을 제위치에 정하고 섰을 때 '스탠스'를 취한 것으로 한다.

① 국외자에 의하여 움직여진 경우 정지하고 있는 볼이 국외자에 의하여 움직여졌을 때 플레이어는 벌 없이 다음 스트로크를 하기 전에 리플레이스하여야 한다.

② 플레이어, 파트너, 캐디 또는 휴대품에 의하여 움직여진 경우

a. 통칙 : 플레이어의 볼이 인 플레이인 때, 만일

(1) 플레이어, 그의 파트너와 그들의 캐디가 볼을 집어 올리거나, 움직이거나 고의로 접촉하거나(어드레스 동작중에 클럽으로 한 것은 제외) 혹은 규칙에서 허용하는 경우를 제외하고 움직여지는 원인이 되는 일을 할 때. (2) 플레이어 또는 그의 파드니의 휴내품이 볼을 움직이게 한 원인으로 된 때에는 그 플레이어에게 1타의 벌이 과하여진다.

플레이어가 스윙을 시작한 후에 볼이 움직여졌고 그 스윙을 중지하지 않는 경우 이외에는 움직여진 그 볼은 리플레이스하여야 한다.

플레이어가 다음의 경우에 실수로 자기 볼을 움직여도 본 규칙에 의한 벌은 없다.

• 어느 볼이 홀로부터 먼가를 결정하기 위한 측정을 하던 중

- 해저드 내에 매몰된 볼, 캐주얼 워터, 수리지 등의 안에 있는 볼을 찾던 중
- 홀을 메꾼 자리 또는 볼 마크의 수리중
- 퍼팅 그린 위의 루스 임페디먼트를 제거중
- 규칙에 따라 볼을 집어 올리는 동작중
- 규칙에 따라 볼을 플레이스 또는 리플레이스하는 동작중
- 플레이의 방해 또는 원조가 되는 볼을 집어 올리는 것에 관한 규칙 22항에 의한 행동중
- 움직일 수 있는 장해물의 제거중

b. 어드레스 후에 움직여진 볼:어드레스 후 스트로크의 결과 이외의 원인으로 플레이어의 인 플레이 볼이 움직여진 때에는 플레이어가 그 볼을 움직인 것으로 간주하고 1타 부가한다.

플레이어가 스윙을 시작한 후에 볼이 움직여졌고 그 스윙을 중지하지 않았을 경우 이외에는 움직인 그 볼은 리플레이스하여야 한다.

c. 루스 임페디먼트에 접촉한 후에 움직여진 볼:스루 더 그린에서 플레이어, 그의 파트너 또는 그들의 캐디가 볼에서 1클럽 길이 이내에 있는 루스 임페디먼트에 접촉한 후에 볼이 움직인 때에는 플레이어가 볼에 어드레스하기 전이라도 볼을 움직인 것으로 간주되어 1타의 벌이 부가된다.

플레이어가 스윙을 시작한 후에 볼이 움직여졌고, 그 스윙을 중지하지 않았을 경우 이외에는 그 볼은 리플레이스하여야 한다.

퍼팅 그린 위에서 루스 임페디먼트를 제거하는 동작중에 볼이 움직여진 경우, 그 볼은 벌 없이 리플레이스하여야 한다.

③ 매치 플레이에서 상대방, 캐디 또는 휴대품에 의하여 움직여진 볼

a. 수색중에 움직여진 볼:만일 플레이어의 볼을 찾는 동안 상대방, 그의 캐디 또는 그의 휴대품에 의하여 볼이 움직여져도 벌은 없고, 플레이어는 그 볼을 리플레이스하여야 한다.

b. 수색중 이외에서 움직여진 볼:볼 수색중 이외의 경우 따로 규칙에서 정하는 경우를 제외하고 그 상대방에게 1타의 벌이 부가된다. 플레이어는 움직인 볼을 리플레이스하여야 한다.

- 어느 볼이 홀에서 먼가를 결정하기 위하여 측정하던 중 움직여진 볼
- 오구의 플레이
- 플레이의 방해 또는 원조가 되는 볼을 집어 올리는 것에 관한 규칙 22항에 따라 행동중에 움직여진 볼

④ 스트로크 플레이에서 동반경기자, 캐디 또는 휴대품에 의하여 움직여진 볼 경기자의 볼이 동반경기자, 그의 캐디 또는 휴대품에 의하여 움직여져도 벌은 없으며, 경기자는 그 볼을 리플레이스하여야 한다.

⑤ 다른 볼에 의하여 움직여진 볼 정지한 인 플레이의 볼이 움직이는 다른 볼에

의하여 움직여진 경우 움직여진 그 볼은 리플레이스하여야 한다.
 이 항의 반칙은 매치 플레이는 그 홀의 패. 스트로크 플레이는 2타 부가.
 볼의 리플레이스를 요구받은 플레이어가 이를 이행하지 않으면 그 플레이어는 본 항의 위반으로 일반의 벌이 과하여지며 본 항에 의한 추가의 벌은 부가되지 않는다.
- 본 조항에 의하여 리플레이스되어야 할 볼이 곧 회수되지 못하는 경우는 다른 볼로 교체할 수 있다.

19 움직이고 있는 볼이 방향 변경 또는 정지되는 경우

① 국외자에 맞은 경우 움직이고 있는 볼이 우연히 국외자에 의하여 정지되거나 방향을 바꾼 때에는 럽 오브 더 그린이며, 벌 없이 그 볼은 그대로의 상태에서 플레이되어야 한다.
 단, 다음의 경우는 제외한다.
a. 퍼팅 그린 위 이외에서 스트로크되어 움직이고 있는 볼이 움직이거나 살아 있는 국외자의 안이나 위에 멎었을 경우는 그때 국외자가 있었던 위치에 가능한 한 가까운 곳에 볼을 스루 더 그린 또는 해저드에서는 드롭하고 퍼팅 그린 위에서는 플레이스하여야 한다.
b. 퍼팅 그린 위에서 스트로크한 후 움직이고 있는 볼이 살아 움직이는 국외자(단, 벌레나 곤충 제외)에 의하여 방향이 변경되거나 정지되거나 또는 국외자의 안 또는 위에 멎었을 경우에는 그 스트로크를 취소하고 그 볼은 리플레이스하여야 한다. 만일 그 볼을 즉시 회수하지 못할 경우는 다른 볼로 교체할 수 있다.
- 심판원 또는 위원회가 동반경기자와 그의 캐디를 포함하여 국외자에 의하여 그 볼이 고의로 방향이 변경되었거나 정지됐다고 판정하는 때 경기자에 대해서는 1-④항이 적용되고, 그 국외자가 동반경기자 또는 그의 캐디인 때 동반경기자에 대해서는 1-②항이 적용된다.

② 플레이어, 파트너, 캐디 또는 휴대품에 맞은 경우
a. 매치 플레이:플레이어가 친 볼이 그 자신, 그의 파트너, 그들의 캐디나 그들의 휴대품에 의하여 우연히 정지되거나 방향을 바꾼 때에는 플레이어는 그 홀에서 패한다.
b. 스트로크 플레이:이때에는 경기자에게 2타의 벌을 부가하고 볼은 있는 그대로의 상태에서 플레이되어야 한다.
 단, 볼이 그 자신, 그의 파트너, 그들의 캐디의 의복이나 휴대품에 들어갔거나, 위에 멎었을 경우에는 볼이 들어갔거나 멎은 때의 위치에 가능한 한 가까운 곳에, 스루 더 그린 또는 해저드에서는 드롭, 퍼팅 그린 위에서는 플레이스하여야 한다.
- 예외:드롭한 볼

③ 매치 플레이에서 상대방, 캐디 또는 휴대품에 맞은 경우 플레이어가 친 볼이 상대방, 그의 캐디 또는 그들의 휴대품에 의하여 우연히 정지되거나 방향을 바꾼 때

에 벌은 없다. 플레이어의 볼은 정지한 곳에서 플레이하든가 또는 어떤 사이드도 다음 스트로크를 하기 전에 그 스트로크를 취소하고 다시 플레이 할 수 있다.
 만일, 볼이 상대방, 그의 캐디의 의복이나 휴대품 안 또는 위에 멎었을 경우 그 볼이 그 물건 안이나 위에 멎었던 때의 위치에 가능한 한 가까운 곳에 스루 더 그린 위 또는 해저드에서는 그 볼을 드롭, 퍼팅 그린 위에서는 플레이스할 수 있다.
 • 예외:깃대에 붙어 서 있는 사람에 맞은 볼에 관하여는 17-③항 b 참조.
 ④ 스트로크 플레이에서 동반경기자, 캐디 또는 휴대품에 맞은 경우 국외자에 의하여 방향이 변경된 경우에 관한 19-①항 참조.
 ⑤ 다른 볼에 맞은 경우 스트로크 후 움직이는 플레이어의 볼이 정지하고 있는 다른 볼에 의하여 방향을 바꾸거나 정지하였을 때에는 플레이어는 볼을 있는 그대로의 상태로 정지한 곳에서 플레이하여야 한다.
 스트로크 플레이에서 스트로크를 하기 전에 만일 쌍방의 볼이 퍼팅 그린 위에 있었을 경우는 그 플레이어에게 2타의 벌을 부가한다. 기타의 경우는 벌은 없다.
 스트로크 후 움직이고 있는 플레이어의 볼이 움직이고 있는 다른 볼에 의하여 방향을 바꾸거나 정지되었을 경우 플레이어는 벌 없이 자기 볼을 있는 그대로의 상태에서 플레이하여야 한다.
 플레이어는 16-①항 g의 위반이 있었을 경우 같은 조항의 반칙에 대하여 소정의 벌을 부가받는다.
 • 예외:퍼팅 그린 위에서 스트로크 후 움직이고 있는 볼이 움직이거나 혹은 살아 있는 국외자에 의하여 방향이 바뀌거나 정지되었을 경우
 본 항의 반칙은 매치 플레이는 그 홀의 패. 스트로크 플레이는 2타 부가.

구제와 처리 방법

20 볼의 집어 올리기, 드롭 및 플레이스, 잘못된 장소에서의 플레이
 ① 볼의 집어 올리기(Lifting) 규칙에 의한 볼의 집어 올리기는 플레이어, 그의 파트너 또는 플레이어가 인정한 타인이 할 수 있다. 이 경우에 플레이어는 모든 규칙 위반에 대하여 그 책임을 져야 한다.
 볼의 리플레이스를 요구하는 규칙에 의하여 집어 올릴 때는 사전에 그 볼의 위치를 마크해 두어야 한다.
 만일 마크를 하지 않으면 그 플레이어에게 벌 1타가 부가되며 그 볼은 리플레이스하여야 한다.
 만일 그 볼을 리플레이스하지 않으면 그 플레이어는 본 항 위반에 대한 일반의 벌만이 과해질 뿐 20항의 위반에 대한 추가의 벌은 적용하지 않는다.
 규칙에 의하여 볼을 집어 올리는 과정에서 잘못하여 움직인 경우에는 벌이 없으며, 그 볼은 리플레이스하여야 한다.

- 집어 올리는 볼의 위치는 가능하면 볼 마크, 작은 주화 또는 기타 작은 물건으로 볼 바로 뒤에 마크하여야 한다. 볼 마크가 다른 플레이어의 플레이, 스탠스 또는 스트로크를 방해할 때에는 그 마크는 클럽 헤드의 길이 하나 또는 그 이상의 옆에 놓아야 한다.

② 드롭과 재드롭(Drop and Re-drop)

a. 드롭하는 사람과 방법：규칙에 따라서 드롭되는 볼은 플레이어 자신에 의하여 드롭되어야 한다. 플레이어는 똑바로 서서 볼을 들고 어깨 높이에서 팔을 완전히 펴서 드롭하여야 한다. 만일 다른 사람 또는 다른 방법으로 볼을 드롭하였을 때에는 그 잘못을 20-⑥항에서 규정한 대로 시정하지 않는 경우 1타의 벌이 부가된다. 드롭한 볼이 지면에 떨어지기 전 또는 후에 플레이어, 파트너, 그들의 캐디 또는 휴대품에 접촉하면 그 볼을 벌없이 재드롭하여야 한다.

b. 드롭하는 장소：볼을 드롭할 때 규칙상 다른 곳에 드롭을 허용하거나 요구되는 경우를 제외하고 볼이 있던 장소에 가능한 한 가깝고 홀에 접근하지 않은 곳에 드롭하여야 한다. 볼을 해저드에서 드롭할 때는 볼은 해저드 내에 드롭되어야 하고 그 해저드 안에 정지되어야 한다.

- 볼을 드롭할 때 볼은 적용하는 조항이 규정한 드롭 장소의 지면에 직접 떨어져야 한다. 만일 그대로 드롭된 것이 아닐 경우 20-⑥항 및 20-⑦항이 적용된다.

c. 재드롭의 경우：드롭한 볼이 다음 상태로 되는 때는 벌 없이 다시 드롭하여야 한다.

(1) 해저드에 굴러 들어간 때. (2) 해저드에서 굴러 나온 때. (3) 퍼팅 그린 위에 굴러 들어간 때. (4) 아웃 오브 바운드에 굴러 들어간 때. (5) 20-②항(움직일 수 없는 장해물) 또는 25항(비정상적인 코스의 상태 및 목적 외의 퍼팅 그린)에 의하여 구제를 받은 장소에 다시 굴러 들어갔을 때. (6) 볼이 처음 떨어진 지면에서 2클럽 길이 이상 굴러서 정지한 때. (7) 규칙에서 허용되어 있는 경우가 아니고 원위치보다 그 홀에 가깝게 굴러 정지하였을 때.

재드롭한 볼이 상기와 같은 장소에 굴러간 경우에는 재드롭 시 처음 떨어진 지점에 가능한 한 가까운 곳에 플레이스하여야 한다.

본 조항에 의하여 재드롭 또는 플레이스해야 될 볼이 곧 회수되지 못하는 경우는 다른 볼로 교체할 수 있다.

③ 플레이스와 리플레이스(Place and Replace)

a. 플레이스하는 사람과 장소：규칙에 의하여 플레이스하는 볼은 플레이어 또는 그의 파트너가 플레이스하여야 한다. 리플레이스하는 볼은 플레이어, 그의 파트너 또는 그 볼을 집어 올렸거나 움직인 사람이 리플레이스하여야 한다. 이 경우에도 모든 규칙 위반에 대한 책임은 그 플레이어가 져야 한다.

볼을 플레이스 또는 리플레이스하는 과정에서 볼이나 볼 마커가 우연히 움직여진 경우는 벌 없이 그 볼이나 볼 마커를 리플레이스하여야 한다.
b. 플레이스 또는 리플레이스를 요하는 볼의 원래의 라이가 변경되었을 때
　(1) 해저드 이외의 장소에서는, 홀에 접근하지 않고 원위치에서 1클럽 길이 이내의 해저드 이외의 장소에 원래의 라이에 가장 유사하고 가장 가까운 라이에 플레이스해야 한다.
　(2) 워터 해저드 안에서는 볼을 그 워터 해저드 내에 플레이스해야 할 경우를 제외하고 (1)에 따라서 플레이스해야 한다.
　(3) 벙커 내에서는 원래의 라이와 되도록 비슷한 상태로 복원하고 그 라이에 플레이스하여야 한다.
c. 위치가 불명인 경우:볼을 드롭해야 할 장소를 결정하지 못할 경우
　(1) 스루 더 그린에서는, 홀에 접근하지 않고 원위치에 가능한 한 가까운 장소에 해저드 아닌 장소로 드롭해야 한다.
　(2) 해저드 내에서는, 해저드 내로서 홀에 접근하지 않고 원위치에 가장 가까운 장소에 드롭해야 한다.
　(3) 퍼팅 그린 위에서는, 홀에 접근하지 않고 해저드 아닌 장소로 원위치에 가장 가까운 장소에 플레이스를 해야 한다.
d. 정지하지 않는 볼:플레이스한 볼이 플레이스되어야 할 지점에 정지하지 않을 때에는 그 볼을 벌 없이 다시 플레이스하여야 한다. 그래도 볼이 그 지점에 정지하지 않을 때에는
　(1) 해저드 이외의 장소에서는, 홀에 접근하지 않고 해저드 아닌 장소로 볼이 플레이스될 수 있는 곳에 가장 가까운 지점에 플레이스해야 한다.
　(2) 해저드 내에서는, 그 해저드 내로써 홀에 접근하지 않고 볼이 플레이스될 수 있는 곳에 가장 가까운 지점에 플레이스해야 한다.
　20-①, 20-②, 20-③항의 반칙은 매치 플레이는 그 홀의 패. 스트로크 플레이는 2타 부가.
　④ 드롭 또는 플레이스하였을 때가 인 플레이 볼 인 플레이된 볼이 집어 올려졌을 때 그 볼은 드롭 또는 플레이스되었을 때 다시 인 플레이가 된다. 교체된 볼은 적용되는 조항에 따라 드롭 또는 플레이스되었을 때 해당 조항의 볼 교체 허용 여부에 상관없이 인 플레이의 볼이 된다. 적용할 수 없는 조항에 의하여 교체된 다른 볼은 오구(誤球)이다.
　⑤ 전에 스트로크를 한 곳에서 다음 스트로크의 플레이를 하는 경우 규칙에 의하여, 플레이어가 전에 스트로크를 플레이한 곳에서 다음 스트로크의 플레이를 선택할 때 또는 하지 않으면 안 될 때 플레이어는 다음과 같은 처리를 하여야 한다.
　스트로크를 티잉 그라운드에서 플레이할 경우는 티잉 그라운드 구역 내에서 플레이하여야 하며 티잉할 수도 있다. 스루 더 그린 또는 해저드에서 플레이하는 경우에는 드롭하여야 한다.

퍼팅 그린 위에서 스트로크를 할 경우에는 플레이스하여야 한다.

20-⑤항의 반칙은 매치 플레이는 그 홀의 패. 스트로크 플레이는 2타 부가.

⑥ 드롭 또는 플레이를 잘못한 볼의 집어 올리기 잘못된 장소에 하였거나 또는 규칙에 위배되는 방법으로 드롭 또는 플레이스를 하여도 아직 플레이하지 않은 볼은 벌 없이 집어 올릴 수 있다. 그 후에 정당한 처리를 하여야 한다.

⑦ 잘못된 장소에서의 플레이

a. 매치 플레이:플레이어가 잘못된 장소에 드롭 또는 플레이스한 볼을 스트로크하면 그 홀의 패가 된다.

b. 스트로크 플레이:경기자가 (1) 잘못된 장소에 드롭 또는 플레이스한 첫 볼이나 (2) 볼의 교체를 적용할 수 있는 조항에 의하였지만, 잘못된 장소에 드롭 또는 플레이스된 교체구, 또는 (3) 규칙에 따라 리플레이스가 요구되었음에도 리플레이스되지 않은 자기의 인 플레이 볼을 스트로크했을 때에는 중대한 위반이 없는 한 해당되는 조항에 규성된 벌을 가한 후 그 볼로 그 홀을 끝내야 한다.

잘못된 장소로부터 플레이한 후 경기자가 그 사실을 인지하여 중대한 위반을 범했다고 믿는 경우 다음 티잉 그라운드에서 아직 스트로크를 행하기 전에, 한 라운드 최종 홀에서는 퍼팅 그린을 떠나기 전에 한하여 경기자는 제2의 볼을 규칙에 따라 드롭 또는 리플레이스하여 그 볼로 그 홀을 종료할 뜻을 선언할 수 있다.

경기자는 스코어 카드를 제출하기 전에 그 사실을 위원회에 보고해야 하며, 만일 이를 이행하지 않을 경우 경기에 실격하게 된다. 위원회는 중대한 위반이 있었는지 여부를 재정(裁定)해야 한다.

중대한 위반이 있다고 재정되는 경우 제2의 볼의 스코어가 채택되어 경기자는 그 볼의 스코어에 벌타를 가산해야 한다.

중대한 위반이 있고 경기자가 상기의 조치를 정정하지 않았을 경우 그 경기자는 실격된다.

- 경기자가 제2의 볼을 플레이했을 경우 채택않기로 재정된 볼의 플레이에 부가된 벌타 및 그 볼로 얻은 타수는 스코어에 가산되지 않는다.

21 볼을 닦는 일

퍼팅 그린 위의 볼은 16-①항 b에 따라 집어 올렸을 경우 닦을 수 있다.

기타의 장소에서는 다음 경우를 제외하고 집어 올려진 볼을 닦을 수 있다.

a. 플레이에 적합한 볼인가 아닌가를 결정하기 위해 집어 올렸을 때
b. 식별을 위하여 볼을 집어 올렸을 경우. 단, 이 경우 식별을 위해 필요한 한도만큼 닦는 것이 허용.
c. 플레이의 방해 또는 원조가 되기 때문에 볼을 집어 올렸을 경우

이 규칙에 의하여 허용되는 경우를 제외하고 한 홀에서 플레이중에 플레이어가 자기의 볼을 닦으면 1타의 벌이 부가되며 집어 올린 볼은 리플레이스하여야 한다.

볼을 리플레이스하여야 할 때 리플레이스를 이행하지 않으면 그 플레이어는 20-③항 a의 반칙에 대한 벌이 부과된다. 그러나 21항에 의한 벌은 추가되지 않는다.
- 예외:플레이어가 규칙 5-③항, 12-②항, 제22항의 반칙으로 벌이 부과되었을 경우, 본 항에 의한 추가벌은 적용되지 않는다.

22 플레이의 방해 또는 원조가 되는 볼

플레이어는 다음의 행동을 할 수 있다.
a. 자기의 볼이 다른 플레이어의 원조가 된다고 생각할 경우 집어 올리거나
b. 다른 볼이 자기의 플레이에 방해가 되거나, 다른 플레이어의 플레이에 원조가 된다고 생각하는 경우에는 그 볼을 집어 올리게 할 수 있다.

단, 다른 볼이 움직이고 있는 동안은 이 처리를 하는 것은 허용되지 않는다.

스트로크 플레이에서는 자기 볼을 집어 올릴 것을 요구당한 플레이어는 집어 올리기보다 오히려 먼저 플레이할 수 있다. 이 항에 의하여 집어 올린 볼은 리플레이스하여야 한다.

만일 이 항에 의한 행동 중 우연히 볼이 움직여진 때에는 벌 없이 리플레이스하여야 한다.

이 항에서의 반칙은 매치 플레이는 그 홀의 패. 스트로크 플레이는 2타 부가.

23 루스 임페디먼트(Loose Impediments)

'루스 임페디먼트'란 자연물로써, 고정되어 있지 않거나 또는 생장하지 않고, 땅에 단단히 박혀 있지 않으며, 볼에 부착되어 있지 않은 돌, 나뭇잎, 나뭇가지 같은 것들과 동물의 똥, 벌레들과 그들의 배설물 및 흩어진 흙 등이 퍼팅 그린 위에 있는 경우에 한하여 루스 임페디먼트이다.

얼음과 눈은 플레이어가 임의로 캐주얼 워터 또는 루스 임페디먼트로 할 수 있다. 단, 인공의 얼음은 장해물이다. 이슬은 루스 임페디먼트가 아니다.

① 구제 루스 임페디먼트와 볼이 양쪽 다 해저드 내에 정지하고 있거나 접촉되어 있는 경우를 제외하고, 모든 루스 임페디먼트는 벌 없이 제거할 수 있다. 만일 볼이 움직여진 때에는 18-②항 c 참조.

플레이어의 볼이 움직이고 있을 때는 그 플레이 선상의 루스 임페디먼트를 제거해서는 안 된다.

본 항의 반칙은 매치 플레이는 그 홀의 패. 스트로크 플레이는 2타 부가.

24 장해물(Obstructions)

'장해물'이란 모든 인공의 물건으로써, 도로와 통로의 인공의 표면과 측면 및 인공의 얼음 등을 포함한다. 단, 다음의 것은 제외된다.

a. 아웃 오브 바운드를 표시하는 벽, 담, 말뚝 및 울타리
b. 아웃 오브 바운드에 있는 움직이지 못하는 인공 물건의 모든 부분
c. 코스와 불가분한 것이라고 위원회가 지정한 모든 구축물

① 움직일 수 있는 장해물 플레이어는 아래와 같이 움직일 수 있는 장해물로부터의 구제를 받을 수 있다.

a. 볼이 그 장해물의 안 또는 위에 정지하지 않았을 때에는 그 장해물을 제거할 수 있다. 만일 그 볼이 움직여도 벌 없이 리플레이스하여야 한다.

b. 볼이 장해물의 안 또는 위에 정지하고 있을 때에는 벌 없이 볼을 집어 올려 장해물을 제거할 수 있다. 그 볼은 장해물의 안 또는 위에 있던 곳의 바로 밑의 지점에 가능한 한 가깝고 홀에 가깝지 않은 지점에, 스루 더 그린 또는 해저드에서는 드롭, 퍼팅 그린 위에서는 플레이스하여야 한다.

24-①항에 의하여 집어 올린 볼은 닦을 수 있다.

볼이 움직이고 있을 때는 플레이어의 플레이 선상에 있는 장해물을 제거하여서는 안 된다. 그러나 사람이 붙어 서 있는 깃대와 플레이어의 휴대품은 제거할 수 있다.

② 움직일 수 없는 장해물

a. 방해: 볼이 장해물의 안 또는 위에 정지하고 있든가, 이에 접근한 곳에 정지하여 플레이어의 스탠스 또는 의도하는 스윙의 구역을 방해할 정도일 때는 움직일 수 없는 장해물에 의한 방해가 생긴 것으로 한다.

플레이어의 볼이 퍼팅 그린 위에 정지하였고 퍼팅 그린 위에 움직일 수 없는 장해물이 있어서 플레이의 퍼팅 선을 방해할 경우에도 방해가 생긴 것으로 한다.

위의 경우 이외에 플레이 선상에 있는 방해물 그 자체는 본 항에서 말하는 방해가 아니다.

b. 구제: 볼이 워터 해저드 또는 래터럴 워터 해저드 내에 있든가, 또는 접촉되어 정지하고 있을 때를 제외하고 플레이어는 다음과 같이 움직일 수 없는 장해물에 의한 방해로부터의 구제를 벌 없이 받을 수 있다.

(1) 스루 더 그린: 볼이 스루 더 그린에 정지하고 있을 때는(그 장해물의 위를 넘어가거나, 안 또는 아래를 통함이 없이), (a) 홀에 접근하지 않고 (b) 그 방해를 피하고 (c) 해저드 또는 퍼팅 그린 위가 아닌 곳으로, 볼이 정지하고 있었던 곳에 가장 가까운 지점을 결정하여야 한다. 플레이어는 그 볼을 집어 올려 위의 (a), (b), (c)의 조건에 적합한 지점으로부터 1클럽 길이 이내에 드롭하여야 한다.

• 장해물의 위를 넘어가거나, 안 또는 아래를 통하여 측정하는 것에 대한 금지조항은 도로 또는 통로의 인공의 표면과 측면 혹은 그 볼이 장해물의 위나 안에 정지한 경우는 적용하지 않는다.

(2) 벙커 내: 볼이 벙커 내 또는 접촉하여 정지하고 있을 때 플레이어는 그 볼을 집어 올려 위의 (1)의 조항에 의하여 드롭하여야 한다. 단, 그 볼은 필히 그 벙커

내에 드롭하여야 한다.
(3) 퍼팅 그린 위:볼이 퍼팅 그린 위에 정지하고 있을 때 플레이어는 그 볼을 집어 올려 방해로부터 구제받을 수 있고 홀에 접근하지 않고 그 볼의 원위치에서 가장 가깝고, 해저드가 아닌 지점에 플레이스하여야 한다.
24-②항 b에 의한 구제를 위하여 집어 올린 볼은 닦을 수 있다.
- 예외:플레이어는 (a) 그의 스트로크의 방해가 움직일 수 없는 장해물 이외의 물건에 의한 사실이 분명할 때 (b) 장해물에 의한 방해가 불필요한 비정상적인 스탠스, 스윙 또는 플레이 방향을 취할 때에만 생기는 경우는 24-②항 b에 의한 구제를 받을 수 없다.
- 볼이 워터 해저드(래터럴 워터 해저드 포함) 내에, 또는 접촉하여 정지하고 있는 경우 그 플레이어는 벌 없이 움직일 수 없는 장해물에 의한 방해로부터의 구제를 받을 수 없다. 그 플레이어는 볼이 정지한 그대로 플레이하든가 26-① 항에 의한 처리를 하여야 한다.

본 항의 반칙은 매치 플레이는 그 홀의 패. 스트로크 플레이는 2타 부가.

25 비정상적인 코스의 상태 및 목적 외의 퍼팅 그린

'캐주얼 워터'란 워터 해저드 안에 있지 않는 것으로써 플레이어가 스탠스를 취하기 이전 또는 이후에 볼 수 있는 코스상에 일시적으로 고인 물을 말한다. 얼음과 눈은 플레이어의 선택권에 따라 캐주얼 워터 또는 루스 임페디먼트로 칠 수 있다. 단, 인공의 얼음은 장해물이다. 이슬은 캐주얼 워터가 아니다.

'수리지'란 위원회가 지시로 혹은 그 대행자에 의하여 수리지로 선언된 코스 내의 구역이다. 수리지에는 표지가 없어도 다른 곳으로 옮기기 위하여 쌓아 올려 놓은 물건과 그린 키퍼가 만든 구멍이 포함된다. 수리지 구역의 한계는 수직 아래쪽으로 연장될 뿐 위쪽으로는 아니다. 수리지의 경계를 표시하는 말뚝 또는 선은 수리지에 포함된다.

- 코스에 남겨 놓은 깎아 놓은 풀이나 기타 물건으로써 다른 곳으로 옮길 의사가 없이 방치되어 있는 것들은 수리지 표시가 없는 한 수리지에 포함되지 않는다.
- 위원회는 수리지에서의 플레이를 금지하는 로컬 룰을 제정할 수 있다.

① 캐주얼 워터, 수리지 및 코스에 대한 명백한 손상

a. 방해:캐주얼 워터, 수리지 또는 구멍파는 동물이나 파충류나 조류가 만든 구멍, 배설물 또는 통로에 볼이 들어가 있거나 접촉하고 있을 때, 또는 그 상태가 플레이어의 스탠스 또는 의도하는 스윙의 구역을 방해하는 경우에는 방해가 생긴 것으로 한다.

만일 플레이어의 볼이 퍼팅 그린 위에 있고 퍼팅 그린 위의 그러한 상태가 플레이어의 퍼팅 그린 선상에 있을 경우도 방해가 생긴 것으로 한다.

방해가 존재하는 경우 볼이 정지한 곳에서부터 플레이하든가(로컬 룰에서 금지하고 있지 않는 한) 25-①항 b에 의하여 구제를 받을 수 있다.
b. 구제:플레이어가 구제를 받고자 선택할 때에는 다음의 처리를 하여야 한다.
   (1) 스루 더 그린:볼이 스루 더 그린에 정지한 때 (a) 홀에 접근하지 않고 (b) 그 상태로 인한 방해를 피하고 (c) 해저드 내 및 퍼팅 그린 위를 제외한, 볼이 정지하고 있는 곳에서 가장 가까운 코스상의 지점을 결정하여야 한다.
   플레이어는 벌 없이 볼을 집어 올려 위의 (a), (b), (c)의 조건에 적합한 지점에서 1클럽 길이 이내에 드롭하여야 한다.
   (2) 해지드 내:볼이 해저드 내에 있거나 또는 접촉하여 정지하고 있을 경우 플레이어는 볼을 집어 올려 다음의 두 지점 중 하나에 드롭하여야 한다. (a) 벌 없이 그 해저드 내에 그 볼의 원지점에 가능한 한 가깝고 홀에 접근하지 않고 그 상태에서 최대한의 구제를 받을 수 있는 지상에 아니면, (b) 1타의 벌을 부가하고 그 해저드의 밖에 홀과 볼이 있었던 지점을 연결하는 후방 선상에 드롭한다.
   ● 예외:볼이 워터 해저드(래터럴 워터 해저드 포함) 내에 또는 접촉하여 정지하고 있을 경우 플레이어는 구멍파는 동물, 파충류, 조류가 만든 구멍, 배설물 또는 통로 등으로부터는 벌 없이 구제를 받을 권리가 없다.
   그 플레이어는 그 볼이 있는 그대로의 상태로 플레이를 하든가, 26-①항에 의하여 처리하여야 한다.
   (3) 퍼팅 그린 위:볼이 퍼팅 그린 위에 정지하고 있는 경우는 플레이어는 벌 없이 볼을 집어 올려 볼이 있었던 곳에 가장 가까운 위치에 그 상태에서 최대한의 구제를 받을 수 있다. 단, 그 홀에 접근하지 않고 또 해저드가 아닌 지점에 플레이스하여야 한다.
   25-①항 b에 의하여 집어 올린 때는 그 볼을 닦을 수 있다.
   ● 예외:(a) 25-①항 a에 명시된 조건 이외의 사태로 인하여 스트로크에 방해가 된 것이 분명히 단정될 때, 또는 (b) 방해가 불필요하게 비정상적인 스탠스, 스윙 또는 플레이 방향을 취할 때에만 그러한 상태가 생기는 경우는 플레이어는 25-①항 b에 의한 구제를 받을 수 없다.
c. 분실된 볼:볼이 25-①항에서 열거된 상태로의 방향으로 맞고 난 후에 분실하였을 때에는 그러한 상태로 인하여 분실되었는가의 여부는 사실 입증에 관한 문제가 된다. 그 볼이 그러한 상태에서 분실된 것이라고 처리하기 위하여서는 그 결과에 대한 합리적인 증거가 있어야 한다. 그러한 증거가 없을 경우에는 그 볼은 분실구로 처리하여야 하고 27항을 적용한다.
   (1) 해저드 외:25-①항에 명시된 상태의 해저드 외에서 분실한 때는 다음과 같은 구제 처리를 취할 수 있다. (a) 볼이 그 구역의 경계를 최후에 넘은 곳보다 홀에 접근하지 않고, (b) 그 상태에 의한 방해를 피하며, (c) 해저드 내나 퍼팅 그린 위가 아닌, 볼이 그 구역의 경계를 최후에 넘은 곳에 가장 가까운 지점을

결정하여야 한다. 플레이어는 위의 (a), (b), (c)에 적합한 지점으로부터 1클럽 길이 이내에 벌 없이 볼을 드롭하여야 한다.
(2) 해저드 내:25-①항의 상태인 해저드 내에서 볼을 분실한 때에는 다음 어느 한 곳에 볼을 드롭할 수 있다. (a) 벌 없이 그 해저드 내에, 홀에 접근하지 않고 볼이 최후에 그 구역의 경계를 넘은 지점이 가장 가까운 장소에서 그 상태로부터 최대한의 구제를 받을 수 있는 지상. (b) 1타의 벌은 부가하고 그 해저드의 밖에서 홀과 볼이 그 해저드의 구역의 경계를 최후로 넘은 지점과 연결한 후방 직선상의 지점.

- 예외:볼이 워터 해저드(래터럴 워터 해저드 포함) 내에 정지한 경우 구멍파는 동물, 파충류 또는 조류가 만든 구멍, 배설물 또는 통로 안에서 분실한 볼에 대하여는 벌 없이 구제받을 권리가 없다. 그 플레이어는 26-①항에 의한 처리를 하여야 한다.

② 지면에 박힌 볼 스루 더 그린의 짧게 깎은 구역 내에 낙하의 충격으로 자체의 피치 마크에 박힌 볼은 벌 없이 집어 올려 원위치에 가장 가깝고 홀에 접근하지 않는 지점에 드롭할 수 있다.

'짧게 깎은 구역'이라 함은 러프를 건너가는 통로를 포함하여 페어웨이의 잔디 높이, 또는 그 이하로 깎은 코스상의 모든 구역을 의미한다.

③ 목적 외의 퍼팅 그린 볼이 현재 플레이하고 있는 홀 이외의 퍼팅 그린 위에서 정지한 경우 (1) 홀에 접근하지 않고 (2) 해저드 내 또는 퍼팅 그린 위가 아닌 장소로 볼이 있는 곳에서 가장 가까운 지점을 결정하여야 한다.

플레이어는 그 볼을 벌 없이 집어 올려 위의 (1)과 (2)에 적합한 지상에 결정된 지점으로부터 1클럽 길이 이내에 드롭하여야 한다. 집어 올린 볼을 닦을 수 있다.

본 항에서의 반칙은 매치 플레이는 그 홀의 패. 스트로크 플레이는 2타 부가.

26 워터 해저드(래터럴 워터 해저드 포함)

'워터 해저드'란 모든 바다, 호수, 못[池], 하천, 도랑, 배수구의 표면 또는 뚜껑이 없는 수로(물의 유무를 불문한다) 및 이와 유사한 수역을 말한다. 워터 해저드 구역 경계 내의 모든 지면 또는 수면은 그 워터 해저드의 일부분이다. 워터 해저드의 경계선은 수직으로 그 위 아래까지 연장 적용된다. 워터 해저드 구역의 경계를 표시하는 말뚝과 선은 해저드 내로 된다.

- 워터 해저드(래터럴 워터 해저드 제외)는 황색 말뚝 또는 선으로 한계를 표시하여야 한다.

'래터럴 워터 해저드'란 워터 해저드 또는 그 일부로써 26-①항 b에 따라 볼이 해저드의 경계선을 최후에 넘어간 점과 홀과의 선상 후방에 볼 드롭하기가 불가능하거나 위원회가 불가능하다고 지정한 수역을 말한다. 래터럴 워터 해저드로써 플레이하는 워터 해저드의 부분은 명백히 구별되어야 한다.

- 래터럴 워터 해저드의 구역 한계는 적색 말뚝이나 선으로 한계를 표시하여야 한다.

① 워터 해저드에 들어간 볼 볼이 워터 해저드 방향으로 간 후에 분실된 때 그 해저드에서 분실되었는가 그 밖에서 분실되었는가의 여부는 사실 입증에 관한 문제가 된다. 그 볼이 해저드 내에서 분실된 것이라고 처리하기 위하여서는 그 볼이 해저드 안에 들어갔다는 합리적인 증거가 있어야 한다. 그러한 증거가 없을 경우에는 그 볼은 분실구로 처리하여야 하며 27항을 적용하여야 한다.

볼이 해저드 내에 있든가 접촉하고 있는가 또는 분실된 경우(볼이 수구에 있고 없고를 불문하고)는 플레이어는 1타의 벌을 부가하고 다음 처리를 할 수 있다
a. 원구(原球)를 최후로 플레이한 장소에 가능한 한 가까운 지점에서 다음 스트로크를 한다.
b. 볼이 최후에 워터 해저드 구역의 경계를 넘어선 지점과 홀을 연결하는 직선상을 그 워터 해저드 후방에 드롭한다. 볼을 드롭할 수 있는 워터 해저드의 후방의 거리에는 제한이 없다.
c. 볼이 래터럴 워터 해저드 내에 있거나 접촉하고 있거나 혹은 그 속에서 분실된 경우에 한하여 추가로 행사할 수 있는 선거권은 다음의 경우이다. (1) 원구(原球)가 워터 해저드의 구역의 경계를 최후로 넘은 지점이나, (2) 홀로부터 등거리에 있는 워터 해저드의 대안(對岸)의 경계상의 지점으로부터 2클럽 길이 이내에서 워터 해저드 밖에 드롭한다. 그 볼은 원구가 워터 해저드의 구역의 경계를 최후로 넘어선 지점보다 홀에 접근하지 않고 정지하도록 드롭하여야 한다.

본 항에 의한 집어 올린 볼은 닦을 수 있다.

② 워터 해저드 내에서 플레이한 볼
a. 볼이 해저드 밖으로 나가지 않은 경우: 워터 해저드 내에서 플레이한 볼이 스트로크 후에도 해저드의 구역의 경계를 벗어나지 못한 경우 플레이어는 (1) 26-①항에 의한 처리를 하거나, (2) 벌 1타를 부가하고 해저드 밖에서 해저드에 들어간 볼을 플레이한 곳에 가능한 한 가까운 지점에서 다음 스트로크를 할 수 있다.
b. 해저드 밖에서 분실 또는 언플레이어블 혹은 아웃 오브 바운드된 볼: 워터 해저드 내에서 플레이한 볼이 해저드 밖에서 분실되거나, 언플레이어블이 되거나 또는 아웃 오브 바운드가 된 경우 27-①항이나 28-a에 의하여 1타의 벌을 받은 후 (1) 해저드 내에서 볼을 최후로 플레이한 곳에 가능한 한 가까운 지점에서 플레이하거나, (2) 1타벌을 추가하고 26-①항 b에 의한 처리를 하든가 또는 26-①항 c에 의하여 볼이 그 해저드에 들어가기 전에 그 해저드 구역 경계를 최후로 넘은 지점을 기준 지점으로 하여 처리하거나, (3) 1타벌을 추가하고 해저드 밖에서 최후로 스트로크한 곳에 가능한 한 가까운 지점에서 다음 스트로크를 플레이하면 된다.
- 워터 해저드 내에서 플레이하여 해저드 밖으로 나온 볼을 언플레이어블로 선언할 때 26-②항 b의 규정은 플레이어가 28-b 또는 c에 따라 처리하는 것을

방해하지 않는다.
본 항에서의 반칙은 매치 플레이는 그 홀의 패. 스트로크 플레이는 2타 부가.

27 분실구 또는 아웃 오브 바운드; 잠정구(Provisional ball)

원래의 구(球)가 25-①항에 규정된 상태(캐주얼 워터, 수리지 및 코스의 명백한 손상)하에서 분실한 경우, 플레이어는 이 규칙에 의하여 플레이를 진행할 수 있다. 원래의 구(球)가 워터 해저드 내에서 분실된 경우 26항에 의하여 플레이를 진행할 수가 있다.

위의 규칙들은 25-①항에 규정된 상태하에서 또는 워터 해저드 내에서 볼을 분실하였다는 합리적인 증거가 없을 경우에는 적용하여서는 안 된다.

다음의 경우는 '분실구'이다.

a. 플레이어, 그의 사이드 또는 이들의 캐디가 찾기 시작하여 5분 이내에 발견하지 못하거나 자기의 볼임을 플레이어가 확인하지 못한 때.
b. 원구(原球)를 찾지 않고 본 규칙에 따라 다른 볼을 플레이한 때.
c. 원구(原球)가 있을 것으로 생각되는 장소로부터 또는 그 장소보다 홀에 가까운 지점에서 잠정구를 플레이한 때.

이 이후는 잠정구가 인 플레이의 볼이 된다.

오구(誤球)의 플레이에 소비한 시간은 수색을 위하여 부여된 5분간에 산입하지 않는다.

'아웃 오브 바운드'라 함은 플레이가 금지된 구역을 말한다. 아웃 오브 바운드가 말뚝이나 울타리를 기준으로 또는 말뚝으로 울타리를 넘은 장소로 표시되어 있을 때는 그 아웃 오브 바운드의 선은 말뚝이나 울타리의 지주를 포함하지 않은 기둥의 지면에 접한 가장 가까운 왼쪽 점에 의하여 결정된다. 아웃 오브 바운드의 선을 지상에 표시하였을 때 그 선 자체는 아웃 오브 바운드이다. 아웃 오브 바운드의 선은 수직으로 상하에 연장된다. 볼의 전체가 아웃 오브 바운드에 있을 때는 아웃 오브 바운드의 볼이 된다. 플레이어는 코스 내에 있는 볼을 플레이하기 위하여 아웃 오브 바운드에 설 수 있다.

'잠정구'란 27-②항에 의하여 볼이 워터 해저드 이외에서 분실 또는 아웃 오브 바운드의 염려가 있을 때 플레이하는 볼을 말한다.

① 분실구 또는 아웃 오브 바운드의 볼 볼이 워터 해저드 밖에서 분실되거나 아웃 오브 바운드에 들어간 때에는 플레이어는 1타 벌을 받고 그 볼을 최후로 플레이한 지점, 또는 가능한 한 그 곳에 가까운 지점에서 플레이하여야 한다.

27-①항의 반칙은 매치 플레이는 그 홀의 패. 스트로크 플레이는 2타 부가.

② 잠정구(Provisional ball)

a. 처리:볼이 워터 해저드 밖에서의 분실 또는 아웃 오브 바운드의 염려가 있는 때에는 시간 절약을 위하여 그 볼을 플레이한 원위치에 가능한 한 가까운 곳에서 잠정

적으로 다른 볼을 플레이할 수 있다.

플레이어는 매치 플레이에서는 상대방, 스트로크 플레이에서는 자기의 마커 또는 동반경기자에게 잠정구를 플레이할 의사를 통고하고 플레이어 또는 파트너가 원구(原球)를 찾으러 나가기 전에 플레이하여야 한다. 이것을 이행하지 않고 다른 볼을 플레이하면 그 볼은 잠정구가 아니고 스트로크와 거리의 벌에 의하여 인 플레이 볼이 되며 원구(原球)는 분실구로 친다.

b. 잠정구가 인 플레이의 볼이 되는 경우: 플레이어는 원구(原球)가 있다고 생각하는 곳에 도달할 때까지는 그 잠정구를 몇 번이라도 플레이할 수 있나. 만일 플레이어가 원구(原球)가 있다고 생각하는 곳으로부터 또는 그 곳보다 홀에 가까운 지접으로부터 잠정구를 플레이한 경우 원구(原球)는 분실로 간주되며 잠정구는 스트로크와 거리의 벌에 의하여 인 플레이 볼이 된다. 원구(原球)가 워터 해저드 밖에서 분실 또는 아웃 오브 바운드가 된 경우 잠정구는 스트로크와 거리의 벌에 의하여 인 플레이 볼이 된다.

c. 잠정구를 포기할 때: 원구(原球)가 워터 해저드 밖에서 분실되지 않았거나 아웃 오브 바운드도 아니면 플레이어는 잠정구를 포기하고 원구(原球)로 플레이를 계속하여야 한다. 만일 이것을 불이행한 때에는 잠정구로 스트로크한 그 이후의 플레이는 오구(誤球)의 플레이로 간주하여 15항의 규정이 적용된다.

- 원구(原球)가 워터 해저드 내에 있을 때 플레이어는 그 볼을 있는 상태 그대로 플레이하든가 26항에 의한 처리를 하여야 한다. 원구(原球)가 워터 해저드 내에서 분실 또는 언플레이어블이 되면 26항 또는 28항 중에서 적용할 수 있는 규칙에 의하여 처리하여야 한다.

28 언플레이어블의 볼

볼의 언플레이어블(Unplayable) 여부는 그 볼의 소유자인 플레이어만이 결정할 수 있으며 워터 해저드 내에 있거나 접촉하고 있는 경우를 제외한 코스 위 어느 곳에서나 언플레이어블을 선언할 수 있다. 플레이어는 자기 볼이 언플레이어블인가 아닌가를 결정할 유일한 사람이다. 만일 플레이어가 자기의 볼을 언플레이어블이라고 여길 때에는 1타 벌을 받고 다음 각 항의 처리 중 하나를 택하여야 한다.

a. 언플레이어블이 된 볼을 최후로 플레이한 곳에 가능한 한 가까운 장소에서 다음 스트로크를 한다.

b. 볼이 있는 곳에서 2클럽 길이 이내로 홀에 접근하지 않는 지점에 드롭한다.

c. 홀과 볼이 있었던 지점을 연결하는 직선상으로 전위치(前位置)의 후방에 거리의 제한 없이 볼을 드롭할 수 있다. 다만 언플레이어블의 볼이 벙커 내에 있는 경우에는 플레이어가 b나 c에 의한 처리를 선택할 때에는 그 벙커 내에 드롭하여야 한다.

본 항에 의하여 집어 올린 볼은 닦을 수 있다.

본 항에서의 반칙은 매치 플레이는 그 홀의 패. 스트로크 플레이는 2타 부가.

로컬 룰(Local rules)

1 장해물
a. 24항에 의하여 장해물이 되는 물건의 성격을 명시하여 둘 것.
b. 코스와 불가분한 구축물은·장해물이 아님을 명시할 것.
 • 예 : 티잉 그라운드, 그린, 벙커 등의 구축된 측면.

2 경계 또는 구역 한계의 표시
아웃 오브 바운드, 해저드, 워터 해저드, 래터럴 워터 해저드 및 수리지를 표시하는 방법을 구체적으로 명시하여 둘 것.

3 워터 해저드와 잠정구
a 래터럴 워터 해저드:워터 해저드 중 26항에 의하여 래터럴 워터 해저드의 부분을 분명하게 표시하여 둘 것.
b 잠정구:볼이 워터 해저드에 들어갔는지 아닌지 확인하기 곤란할 때, 또는 이를 확인하기 위하여 플레이의 부당한 지연이 될 경우에는 잠정구를 허용한다. 이 경우 원구(原球)가 워터 해저드 내에 있을 때에는 그대로 원구(原球)를 플레이하든가, 그렇지 않고 잠정구로 플레이할 경우에는 26-①항에 의한 처리를 하여서는 안 된다.

4 특정한 드롭 장소 설정
언플레이어블의 볼(28항), 움직일 수 없는 장해물(24-②항 b) 및 워터 해저드 또는 래터럴 워터 해저드(26-①항) 등에서 규칙대로의 처리가 불가능한 때에 볼을 드롭할 특별한 장소 설정을 하여 둘 것.

5 코스의 보전
한 홀에 여름, 겨울 별개의 퍼팅 그린이 있는 때에는 현재 사용하지 않는 퍼팅 그린, 연습 그린 및 묘목 등의 잔디 재배 지역의 플레이 금지와 잔디 보전을 위한 수리지 위에서의 플레이를 금지할 수 있다.

6 일시적 진흙
일시적인 진흙 또는 과도한 습지 등이 정상적인 플레이에 지장이 되는 때에 특정일 또는 단기간을 한정하여 볼이 자체의 낙하하는 충격으로 생긴 피치 마크에 박힌 경우 그 볼을 집어 올릴 수 있게 할 수 있다. 가능한 한 이러한 특정 지역을 명시하여 둘 것. 이러한 악조건이 회복되었다고 위원회에서 인정되면 이 규정을 가급적 빨리 철회할 것. 이와 유사한 경우 위원회는 임시 로컬 룰로 스루 더 그린에서 볼을 닦을 수 있게 할 수 있다.

7 도로 및 통로

도로 및 통로의 인공 부분이 아닌 표면과 측면이 플레이에 부당한 영향을 미치는 경우에는 24-②항 b에 의한 구제를 규정하여 둘 것.

8 프리퍼드 라이와 윈터 룰(Preferred lie & Winter rule)

코스의 상태가 악화되어 진흙 등, 특히 겨울철의 악조건하에 있어서 위원회는 코스의 보호 또는 유쾌하고 공평한 플레이를 위하여 로컬 룰로 구제 처리를 규정할 수 있다. 이러한 처리는 코스의 상태가 회복되면 가급적 빨리 철회하여야 한다.

9 코스의 비정상적인 손상

25항으로 규정하고 있는 이외의 경우에는 이에 대한 규칙상의 적용 방법을 명시할 것.

────────── ● 로컬 룰의 참고예 ● ──────────

1 지면에 박힌 볼의 집어 올리기

스루 더 그린에서 짧게 깎은 구역 내에 낙하의 충격으로 지면에 박힌 볼에 대해서는 규칙 25-②항에 의해 구제를 받을 수 있도록 규정되어 있다.

퍼팅 그린상에서는 볼의 낙하의 충격으로 인한 손상의 수리를 16-①항 c에 허용되어 있다.

특수한 날 스루 더 그린상 어디서나 지면에 박힌 볼을 집어 올리도록 허용할 경우는 아래와 같이 로컬 룰을 제정할 것을 권장한다.

스루 더 그린에서 볼이 타구의 충격으로 지면에 박힌 때에는 벌 없이 그 볼을 집어 올려서 진흙을 닦아내고 홀에 접근하지 않고 되도록 원위치에 가까운 곳에 드롭할 수 있다.

스루 더 그린이란 코스의 아래에 기록한 구역을 제외한 전역을 말한다.

(1) 현재 플레이하고 있는 티잉 그라운드 구역과 퍼팅 그린
(2) 코스상의 모든 해저드

이 로컬 룰의 반칙은 매치 플레이는 그 홀의 패. 스트로크 플레이는 2타 부가.

2 퍼팅 그린 위의 연습 금지

홀 아웃이 막 끝난 퍼팅 그린에서 퍼터의 연습 또는 퍼팅 그린을 향하여 연습을 금할 필요가 있을 경우에는 다음을 권장한다. 플레이어는 라운드중에 그 라운드의 홀 아웃을 막 끝낸 퍼팅 그린 위에서나 또는 그 퍼팅 그린을 향하여 연습할 수 없다.

이에 관련한 로컬 룰의 반칙은 매치 플레이는 다음 홀의 패. 스트로크 플레이는 그 홀에 2타 부가.

3 플레이 금지 구역

위원회는 수리지 또는 특정 지역에서의 플레이를 금지하는 것을 로컬 룰로 정할 수 있으며 이 경우 구제 방법도 명시하여야 한다.

이 로컬 룰의 반칙은 매치 플레이는 그 홀의 패. 스트로크 플레이는 2타 부가.

4 임시 장해물에서의 구제

임시로 설치한 움직일 수 없는 장해물이란 방공 시설물, 텐트, 스코어 판, 관객석, 간이식탁, 화장실과 움직일 수 없거나 쉽게 움직일 수 없는 사진, 보도, 라디오, 텔레비젼, 스코어 속보 등을 위한 모든 시설을 말한다. 다만 본 로컬 룰 4항에 따라 정한 임시의 동력선, 케이블 및 24-①항에 의하여 사진 촬영, 보도 관계 등의 시설로서 이동할 수 있는 것 또는 쉽게 움직일 수 있는 것은 제외한다.

① 장해 임시로 설치한 움직일 수 없는 장해물에 의한 장해는 다음과 같다.
a. 볼이 임시 장해물의 가운데 또는 위에 정지하거나, 혹은 이들 장해물에 접근해서 정지됨으로써 플레이어의 스탠스 또는 의도하는 스윙에 방해가 되거나,
b. 임시 장해물이 홀과 플레이어의 볼을 연결하는 선상에 개재하거나, 또는 볼이 깃대와 장해물의 끝을 연결하는 연장선에서 1클럽 길이 이내에 정지한 것을 장해라 한다.

② 구제 플레이어는 임시의 움직일 수 없는 장해물에 의한 방해로부터 벌 없이 다음에 따라 구제를 받을 수 있다.
a. 스루 더 그린에서는 (a) 그 홀에 가깝지 않고 (b) 본 로컬 룰 ①항의 장해를 피하고 (c) 해저드 또는 퍼팅 그린상이 아닌 볼이 있었던 장소에서 가장 가까운 지점을 결정하여야 한다. 플레이어는 볼을 집어 올려 결정하여야 한다. 플레이어는 볼을 집어 올려 위에 든 (a), (b), (c)에 적합한 지점으로부터 1클럽 길이 이내에 드롭하여야 한다. 그 볼은 집어 올려서 벌 없이 닦을 수 있다.
b. 볼이 해저드 내에 정지한 때에는 다음의 어느 방법 중에서 선택하여 드롭을 하여야 한다.
   (1) 해저드 내에서는 벌 없이 위에 든 ②-a항의 규정에 기술한 한도 내에서 완전한 구제를 받을 수 있는 가장 가까운 지상에 드롭, 또는 완전한 구제를 받을 수 없는 경우 그 해저드 내에서 최대한의 구제를 받을 수 있는 지상에 드롭.
   (2) 해저드 밖에서는 벌 1타를 부가하고 다음과 같이 드롭하여야 한다. 플레이어는 (a) 홀에 가깝지 않고, (b) 본 로컬 룰 ①항의 장해를 피하고, (c) 해저드 내가 아닌 볼이 있었던 장소에서 가장 가까운 지점을 결정하여야 한다. 플레이어는 위에 든 (a), (b)와 (c)에 적합한 지점으로부터 1클럽 길이 이내에 드롭하여야 한다. 그 볼을 집어 올려서 벌 없이 닦을 수 있다.
   • 예외:플레이어는 (1) 임시의 움직일 수 없는 장해물 이외의 물체에 의한 장해 때문에 스트로크를 행할 때, 혹은 홀을 향하여 스트로크를 행할 때(장해물이

볼과 홀 사이에 개재할 경우) 확실히 무리인 경우, 혹은 (2) 불필요한 이상한 스탠스, 스윙 또는 플레이의 방향을 취할 때 임시의 움직일 수 없는 장해물에 의한 장해가 생겼을 경우는 ②-a 또는 b의 기준에 의한 구제를 받을 수 없다.

③ 임시의 움직일 수 없는 장해물 안에서 분실된 볼 볼이 임시의 움직일 수 없는 장해물 안에서 분실된 것이라고 확실한 입증이 될 경우, 플레이어는 골프 규칙 25-①항 c에 규정한 구제로 벌 없이 조치할 수 있다.

④ 임시의 동력선과 케이블 상기 각 항은 임시의 동력선, 케이블 혹은 이를 감싼 매트, 임시의 전화선 그리고 이의 지주에 대하여는 적용치 않는다. 이러한 물체가 쉽게 움직일 수 있을 경우 플레이어는 골프 규칙 24-①항에 의거 구제받을 수 있다. 쉽게 움식일 수 없을 때 스루 더 그린에서는 24-②항 c에 규정된 구제를 받을 수 있다. 또한 볼이 벙커 내 혹은 워터 해저드 내에 있을 경우 24-②항 b에 기준하여 구제받을 수 있으나 볼은 그 벙커 혹은 워터 해저드 내에 드롭하지 않으면 안 된다.

- 장해물의 위를 넘어가거나, 그 가운데 혹은 밑을 통한 거리 측정을 금지한 규칙 24-②항 b의 규정은 적용하지 않는다.

볼이 공중에 가설된 동력선 혹은 케이블에 맞았을 경우, 벌 없이 재플레이할 수 있다. 볼을 즉시 찾지 못할 때에는 다른 볼로 대치할 수도 있다.

- 예외:지면에 솟아 있는 동력선에 볼이 맞았을 때는 재플레이를 하면 안 된다.

⑤ 재드롭 만일 드롭한 볼이 로컬 룰에 규정한 위치에 굴러 들어 갔을 때, 또는 원위치에서 홀에 가깝게 정지했을 때는 벌 없이 재드롭하여야 한다. 만일 다시 이러한 위치에 굴러 들어 갔을 때에는 재드롭한 때에 볼이 처음 지상에 낙하되었다고 생각되는 지점에서 플레이스하여야 한다.

이 로컬 룰의 반칙은 매치 플레이는 그 홀의 패. 스트로크 플레이는 2타 부가.

⑥ 프리퍼드 라이와 윈터 룰 스루 더 그린에서 풀을 짧게 깎은 구역에 있는 볼을 벌 없이 움직이거나 집어 올릴 수 있으며, 또한 닦아서 홀로부터 가깝지 않고 원위치로부터 6인치 이내에 플레이스할 수 있다. 일단 플레이스하였거나 움직였거나 한 볼은 인 플레이의 볼이며, 어드레스하는 과정에서 볼이 움직여지면 1타의 벌이 과하여진다.

이에 관한 로컬 룰의 반칙은 매치 플레이는 그 홀의 패. 스트로크 플레이는 2타 부가.

당신의 실력 향상은
일신의 자랑입니다.
● 一信 · 스포츠 서적 편집실 ●

당신의 실력향상은 一信의 자랑입니다

골프 교본 국판·198면
기초적인 테크닉과 응용 실전에 이르는 광범위한 내용을 교과서적인 딱딱한 구성에서 탈피하여 톱 플레이어들의 경험을 토대로 한 실리적인 내용들을 수록하였다.

골프 기본 기술 국판·208면
골프의 귀재 잭 니클라우스가 자신의 경험을 토대로 하여 골프 기술에 있어서의 여러 가지 어려운 문제점들을 하나 하나 도해로써 세세하게 풀이하여 서술한 책이다.

인스턴트 골프 레슨 국판 232면
수년 동안 미국 골프 다이제스트지(誌)에 게재된 112항을 한데 묶어 편찬한 책으로 프로 골퍼들이 교재로 활용하기에 좋으며 실전에 뛰어난 효과를 가져다 줄 것이다.

골프 스윙 마스터 국판 160면
골프 용구의 이노베이션 (기술 혁신)은 놀랄만한 속도로 진보하고 있다. 이에 따르는 골프 스윙은 어떠한가. 이 책에서는 낭비없는 스윙 만들기로부터 시작하여 완벽한 스윙을 할 수 있는 비결을 가르쳐 주고 있다.

나이스 골프 레슨 I 4·6배판 248면
이 책은 골프 입문을 바라는 사람으로부터 초급의 골퍼를 위해 골프 기본의 파악에 중점을 두었다. 또한 중급의 실력을 갖추었더라도 골프 기본이 미약한 사람을 위해서라도 이 책은 도움을 줄 것이다.

나이스 골프 레슨 II 4·6배판 272면
이 골프 종급편은 '자기 방식의 골프'를 중심으로, 도입할 수 있는 이론을 골라 '골프는 수정의 스포츠'라는 말대로 수정을 제대로 실행할 수 있도록 지도해 주는 입문서이다. 자기 방식의 골프에 자신감을 얻고자하는 골퍼는 이 책을 일독해 주기 바란다.

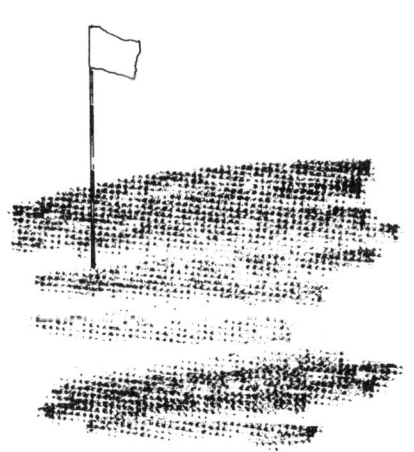

一信書籍出版社 영업부/703-3001~6 편집부/703-3007~8 FAX/703-3009

골프 총서의 결정판!!
나이스 골프 레슨

골프의 매력을 말할 때 우리는 무엇보다도 먼저 '골프는 멘털(mental)한 스포츠이며, 심리적 작용을 잘 컨트롤(control)하면서 진행해 가는 스포츠이다'라는 것을 든다. 골프는 생각을 가장 요하는 운동이며, 생각과 아울러 이루어지는 플레이이므로 과학적인 연구가 뒤따르게 된다. 이런 의미에서 이 책은 골프 입문을 바라는 사람으로부터 초급의 골퍼를 위해 골프 기본의 파악에 중점을 두었다. 또한 중급의 실력을 갖추었더라도 골프 기본이 미약한 사람을 위해서도 이 책은 도움을 줄 것이다.
4.6배판 /256면 /값 8,000원

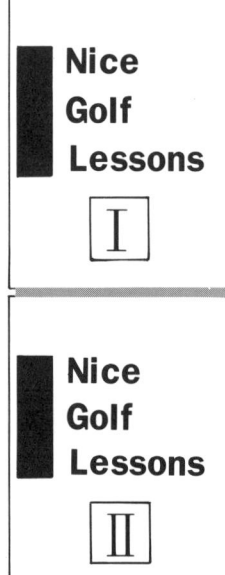

골프의 기술, 입문서의 태반은 '올바른 스윙은 이렇게 하라'는 것 같은 이론 중심의 것이다. 기본에 착실하려고 하다가 오히려 몸이 상하거나, 이론대로 되지 않는다고 도중에서 좌절하는 골퍼의 수가 적지 않다. 이 골프 중급편은 '자기방식의 골프'를 중심으로, 도입할 수 있는 이론을 골라 '골프는 수정의 스포츠'라는 말대로 수정을 제대로 실행하는 입문서이다. 완전주의를 바란다는 것이 아니고 '자기방식으로 빨리 잘하고 싶다'고 하는 사람은 아무쪼록 이 책을 일독해 주기 바란다.
4.6배판 /272면

GOLF 스윙의 基本技를 위한
골프 스윙 마스터

처음부터 누구나 다 완벽한 스윙을 할 수 있는 것은 아니다. 일반적으로 아마추어 골퍼의 스윙은 '움직여야 할 곳이 움직이지 않고 움직여서는 안 될 곳이 움직이는' 불필요한 구석이 많은 게 특징이다. 골프 용구의 이노베이션(기술 혁신)으로 아마추어의 비거리는 늘어난 것이 사실이다. 따라서 초보자라 하더라도 멀리 날려 보낼 수 있다고 하는 희망의 가능성을 느끼게 되어 내심 기뻐하고 있다. 내노라 하는 골퍼에 있어서도 마찬가지다. 용구의 기술 혁신은 수 많은 골퍼에게 꿈을 안겨 주고 새로운 정열을 품게 했다는 의미에서 멋진 일이 아닐 수 없다. 그러나······ 이것만으로 좋은 스윙, 스윙다운 스윙은 이루어지지 않는다. 골프의 귀재 잭 니클라우스와 같은 멋진 스윙 폼에서 정확성과 비거리가 나옴을 생각할 때, 스윙을 전적으로 골프 용구에만 의존할 일이 아님을 깨닫게 되리라 자력의 기술로 멋진 스윙, 훌륭한 골프 스타일을 MASTER 구축해 가도록 하자. 당신도 이제 잭 니클라우스를 능가하는 멋진 스윙을 구사할 수 있다.

GOLF SWING MASTER

• 신국판 · 160면 •

• 당신의 실력 향상은 一信의 자랑입니다.

일신서적출판사　영업부 703-3001~6　　FAX
　　　　　　　　편집부 703-3007~8　703-3009

사진 해설로 누구나 할 수 있는

골프교본

〔골프 용어 해설 수록〕

一信·스포츠書籍編輯室 編訳

기초적인 테크닉과 응용실전에 이르는 광범위한 내용을 교과서적인 딱딱한 구성을 탈피, 사진해설에 주안점을 두고 풀이하고 있습니다. 물론 톱 플레이어들의 조언을 감안했지만 경험을 토대로 한 것이므로 그만큼 과학적이며 실리적인 내용임을 자부합니다.

국판 200면 반양장

인스턴트 골프 레슨

美·골프 다이제스트 編
一信·스포츠書籍編輯室 譯

인스턴트 골프 레슨은 효력 만점의 레슨 교재로서 수년 동안 美國 골프다이제스트誌에 게재된 112항을 한데 묶어 편찬한 책입니다. 프로들이 교재로 활용한 이 책의 내용은 단도직입적으로 이해하기 쉽고, 실전에 뛰어난 효과를 나타낼 수 있다는 것이 특징이라 하겠습니다.

국판 232면 반양장

J. 니클라우스의
골프 基本技術

一信·스포츠書籍編輯室 編

全面 漫畵式圖解

이 책은 도해와 설명문에서 내가 알고 있는 골프 스윙의 모든 것을 될 수 있는 한 선명하고 명쾌하게, 그리고 논리적으로 나타내도록 노력했다. 그것은 골프의 가장 익사이팅한 부분이며, 가장 노력을 필요로 하는 부분이다.
잭 니클라우스

국판 208면 반양장

당신의 실력 향상은
일신의 자랑입니다.
● 一信 · 스포츠 서적 편집실 ●

골프 핸드북
GOLF HANDBOOK

- 저 자 : 田 原 紘
- 편역자 : 일신스포츠서적 편집실
- 발행인 : 남   용
- 발행처 : 일 신 서 적 출 판 사

주소 : 121-110
　　　서울 마포구 신수동 177-3
등록 : 1969. 9. 12. NO. 10-70
전화 : 영업부 703-3001~6
　　　편집부 703-3007~8
　　　FAX 703-3009

ⓒ ILSIN PUBLISHING Co. 1995.